JN074103

片岡宏二

続々 邪馬台国論争の新視点

—東アジアからみた九州説—

はじめに

二〇一一年、東日本大震災の年に『邪馬台国論争の新視点―遺跡が示す九州説―』を刊行した。その後、二〇一九年に『続・邪馬台国論争の新視点―倭人伝が語る九州説―』を刊行した。

最初の本は、北部九州が、邪馬台国の有力候補地といわれながらも、今まで実際の遺跡については、あまり整理されていなかったことを反省し、その中でも特にその可能性が高い筑紫平野の遺跡を重点に邪馬台国九州説を論じた。それに続いて、『続刊』では、その社会を論じることにした。『魏志』倭人伝に書かれている社会と、実際に発掘された遺跡・遺物を中心に邪馬台国九州説を論じた。その刊行に合わせて、初刊に新たに発掘された遺跡の成果を加えて、『初刊改訂』版を発行した。

最初の本もそれに続く本も、どちらかといえば、九州内部のことである。そこで、今までに積み残してきた、倭を見る目、特に中国の漢や魏は、倭をどのように認識していたのかをこの本で書くことにした。そして、最初に刊行した本から合わせて、三冊目を刊行し、一応の区切りをつけることにした。おこがましい言い方であるが、三部作の完結である。

東日本大震災から十年、今年この本を刊行するまでに、社会全体に大きな変化があった。大震災に始まり、今、誰それ、どこの地域といわず、新型コロナウィルスの流行の真っただ中にある。

その十年のうちに、歴史の見方も変わってきたと思える。なんでも東京圏に集中していたものが、見直されてきたのも一つの社会の変化である。歴史の見方もそれに呼応しているように思える。

つまり、邪馬台国論争も、かつてだったら、倭を束ねるのに、大きな一大勢力があって、そこが一元的な支配体制を築き、それが邪馬台国につながるという見方が強かったように思える。しかし、新型コロナウィルス禍において、東京一極集中の危うさ、地方の主体性が見直される中で、物事の見方に多元的、言葉を換えれば多様性が出てきた。

筆者は、この本では、倭国二元国家論を考え、中国が見ていた倭がどこにあったのかを見ていき、そうした見方の中から、再度邪馬台国九州説について論じてみたいと思う。

注意事項は、前作と重なる点も多いが、初めて読まれる方のためにも重複する点は、ご容赦願いたい。読まれる前にあらかじめ注意しておくことがある。

◆文献・本文の引用

1、本文で引用した『三国志魏書東夷伝倭人』条は、以下「『魏志』倭人伝」と略す。『後漢書東夷列伝倭人』条は、「『後漢書』東夷伝」と略す。引用は和田清・石原道博編訳一九五一『魏志倭人伝・後漢書倭伝・宋書倭国伝・隋書倭国伝』（岩波文庫）からの引用である。また、その現代語訳は、小南一郎一九八三「三国志」Ⅱ（『世界古典文学全集』24巻B、筑摩書房）からの引用である。

2、『古事記』は、倉野憲司・武田祐吉校注一九五八『古事記　祝詞』（日本古典文学大系、岩波書店）から、『日本書紀』は坂本太郎・家永三郎・井上光貞・大野晋校注一九六七『日本書紀』上・下（日本古典文学大系、岩波書店）からの引用である。

3、筆者の著作についてはたびたび引用するので、二〇一一年刊行『邪馬台国論争の新視点―遺跡が示す九州説―』は『初刊』、二〇一九年刊行『邪馬台国論争の新視点―遺跡が示す九州説―（改訂版）』は『初刊改訂』、二〇一九年刊行『続・邪馬台国論争の新視点―倭人伝が語る九州説―』は『続刊』と略して表記することとする。

◆地名に関すること

近畿説

本書では「近畿」説として、「畿内」説とはしない。その理由は、大化改新詔（六四六年）にある文章が、畿内を規定し、当然邪馬台国の時代にはそういう概念はなかったからである。古墳時代の中心は明らかに、大和盆地東南部、狭義の大和地域で、それ以外の有力な説はないので、その権力中枢を「ヤマト王権」とした。

筑紫（つくし）平野

地理学的な平野の範囲は明確ではない。基準となるのは国土地理院発行の地図であるが、それには北を二日市地峡帯、東を日田市夜明の西側まで、南側を大牟田市まで、西側を六角（ろっかく）川流域までを筑紫平野とする。ここでは筑紫平野をさらに三つの平野に区分し、耳納山地北側の両筑平野、脊振山地南側の佐賀平野、筑後川下流域以南の筑後平野とした。

菊池平野

筑紫平野同様、地理学的な名称は国土地理院発行の地図に従った。菊池川流域の熊本県北部の平野を一括して菊池平野と称したが、それは、明瞭な地峡によって中流域と下流域に分かれている。この地峡の名称は付いていないが、本文でも説明するように仮称として、菊水地峡帯としておく。そしてそれよりも上流側を通称に従い菊鹿（きくろく）盆地、下流側を同じく通称に従い、玉名平野としておく。

◆邪馬台国（邪馬臺國）か邪馬壹國か

「邪馬台国」が、『魏志』倭人伝に出てくるのは一回きりである。しかも、『魏志』倭人伝は写本（紹興版・紹興本）にしか残っていない。写本では邪馬台国の「台」の古字「臺」は「壹」になっていて、「邪馬壹國」と記述されている。いろいろな部分で写し間違いのある国宝『翰苑』でも「邪馬嘉國」とある。『後漢書』東夷伝では、「邪馬臺國」になっている。いずれが正しいか、筆者には判断がつかない。今回の書は、音韻や字句から邪馬台国を考えるものではないので大した影響はない。よって学会でも多数が容認する「邪馬台（臺）国」を使うことにする。また「卑弥呼」にしても謎の多い人物である。実名か「日巫女（ひのみこ）」かわからないが、ここでは人物の固有の名詞としておく。

続々・邪馬台国論争の新視点――東アジアからみた九州説――目　次

第一章　本居宣長と偽僭説

第一節　本居宣長と古代史

本居宣長を取り上げた理由

皆さんは、本居宣長（もとおりのりなが）という人物の名前をお聞きになったことがあると思う。本居宣長を知っているか、などと聞くとは、なにを無礼な奴だ、と叱られるかもしれないが、どうぞお許しいただきたい。前著『続・邪馬台国論争の新視点』のあとがきで、今度は本居のことを考えてみたいと書いた。

この本の冒頭に本居とその偽僭（ぎせん）説を取り上げたことに、いささか違和感を持たれる方も多いと思う。なぜなら、現在の歴史学の世界で、邪馬台国偽僭説など、まともに取り上げることは滑稽（こっけい）とも言えることだからである。

そういう風潮の中で、私は敢えてこれを取り上げてみた。そのねらいは、この本の中で述べたいことの一つの大きな柱である、倭の二元国家論に近い考えを、すでに一八世紀の江戸時代に本居が考えていたところに共鳴したからである。そこで、今回の著作は、それを受けて、本居から始めることにした。

本居は、邪馬台国論争において、「偽僭説」を展開した。この「偽僭説」とは、いったいどういうものか、それはどのように評価されたのか。それについては後で詳しく述べたいが、話の流れから、ここで『偽僭説』について簡単に述べておく必要がある。

日本の古典『日本書紀』に、倭の女王（卑弥呼のこと）が、当時中国を支配していた魏に朝貢した記事がある。これが、もともと『日本書紀』神功皇后摂政紀に書かれていたものかどうかは諸説あるが、ともかく古くから伝わる『日本書紀』の写本にはそのように書かれている。本居は、日本の皇室が中国にへりくだって朝貢するはずはないと考えた。そこでこれは、九州の土豪が皇室の使いだと偽って朝貢したものである、というのが「偽僭説」である。

本居のこの「偽僭説」の部分だけを読むと、何とも荒唐無稽な説のようである。実際、現代の歴史学では、この説は生き残っていない。しかし、本居の書いたものに接していくうちに、そして私自身の邪馬台国九州説を考えていくうちに、本居の考え方の中にある程度、賛同する部分が出てきた。

皇室の名を騙り偽って朝貢したという部分の考えは違うにしても、大和の勢力とは別の九州の勢力が朝貢したという点には、刮目すべきものがある。そうして、本居の「偽僭説」は新たに形を変えて斬新な発想に見えてきたのである。

どうして、本居が邪馬台国の問題に関わっていくのか、それは最初に本居が、どうしてそのような心境にたどり着いたのかを理解しておかなければならないだろう。

ここでは本居が、偽僭説を生み出すまでの、その生き方、考え方について述べておくことにする。

本居は、享保十五年（一七三〇）六月に伊勢国松坂の商人小津家の次男として生まれた。十一歳の時、父定利が亡くなり、母お勝に育てられ、二十三歳の時、母の勧めに応じて医師を志した。京都に上り、医学とともに儒学や和歌も学んだ。その時、万葉集の研究者である僧契沖（けいちゅう）の書を学ぶ中で、古典文学や国学を考えるようになっていく。

本居は、宝暦七年（一七五七）、生まれ故郷松坂に戻り、そこで小児を専門とした医師となり、家業の傍ら日本古典の勉学に励んだ。宝暦十三年（一七六三）本居三十四歳の時、師と仰ぐ国学者賀茂（かもの）真淵（まぶち）と出会い、そこで、彼のその後の生涯をかけた『古事記』の注釈・解読に大きな意欲を持つことになった。

本居が生涯の仕事となる『古事記伝』の執筆を開始したのは、明和元年（一七六四）本居三五歳の時である。それから実に三十五年かけて『古事記伝』全四十四巻を書き終えたのは寛政十年（一七九八）、本居六十九歳のときであった。

本居の「やまとこころ」

本居が、『古事記』を研究する中で、はじめに取り組んだのは万葉仮名の研究であった。

ここからは、少し本題から離れてしまうが、本居の古代観を見ていく過程で欠かせないことなので、古事記の読みについて書き加えておくことにする。

現在、私たちが、岩波古典文学大系等で簡単に『古事記』を読むことができるのは、本居の『古事記』研究の果たした役割が大きい。

私たちは、普通『古事記』は「コジキ」と読んでいるが、このような読み方になったのは、長い年月の間に習慣化しただけのことであって、もともとはどのように読まれていたのかはわからない。最初に古事記の読み方に言及したのも本居だったようである。本居は、これを「フルコトブミ」と読んだ。日本古典文学大系の『古事記』解説でも、平安時代の九世紀後半に書かれた「令集解（りょうのしゅうげ）」が解説した「養老令」（七五八年施行）に「旧事記（ふることぶみ）」を「古事記」と書いていることから、『古事記』も同じ訓読みの「フルコトブミ」と読んだと推定している。（註1）

『古事記』の文章は、すべて漢字で表記されるが、『日本書紀』が漢文調で読まれるのに対し、『古事記』の文章は極めて難解である。というのは、ところどころで読み方が異なっているからである。それは次のように分けられる。

① 一漢字を一つの音（おと）として読む

② 一漢字をその意味で読む

③ 全くの漢文で読む

まさに本居が言うように「大体は漢文のさまなれども、又ひたぶるの漢文にもあらず、種々のかきざま」である。『古事記』本文は、全部漢字で表されているけれども、言葉は日本語である。

これをすんなりと誰でも読めたわけではない。本居宣長研究者である小林秀雄によると、それまでは、難解な書であったものを「宣長さんの念願は、『古事記』をみんなに読ませたい」という思いから解読したことを高く評価している。（註2）確かに古事記は、変体漢文であり、漢字では表現できないものを漢字で一字一音表記という上代特殊仮名遣（かなづかい）で表現するものであった。

古事記の冒頭の文章をとってみよう。古事記は次のように始まる。このように漢字ばかりで、とても読めたものではない。

「天地②初發之時於③高天原成神名天之御中主神訓高下天云阿麻下效此次高御產巣日神次神產巣日神此三柱神者並獨神成坐而隱身也次國稚如浮脂而久羅下那州多陀用幣流①之時流字以上十字以音如葦牙因萌騰之物而成神名宇摩志阿斯訶備比古遲神此神名以音次天之常立神訓常云登許訓立云多知此二柱神亦、獨神成坐而隱身也。」

この中では、漢字をそれぞれいろいろな読み方をする。例えば

①「久羅下那洲多陀用幣流」を一音ずつ「クラゲナスタダヨヘル」と表記する。

②「天地」をその意味から「アメツチ」と表記する。

③「於高天原」というように普通の漢文で表記する。

などというようなものでる。

今更言うまでもないが、『古事記』は、その序によると、七世紀に天武天皇が、「邦家の経緯」（国家行政の根本組織）であり「王化の鴻基（こうき）」（天皇徳化の基本）を正さんがために、天皇家や諸豪族の持つ「帝紀（ていぎ）」「本辞（ほんじ）」を稗田阿礼（ひえだのあれ）に詠み習わせたものを、その後、天武天皇の姪に当たる元明天皇が、稗田阿礼の謡習を太安万侶（おおのやすまろ）に書き綴らせたものである。

当時文字といえば漢字しかなかったのであるが、太安万侶によって、その音と意味を組み合わせな

がら、その古言古意を失わないように書かれている。今、古事記を読み直すと、漢字の音と意味を実によく吟味して用いており、太安万侶の天才的な文章力に驚かされる。

本居は、古事記を「最上の史典」と読んだが、それは、同時代に書かれた『日本書紀』を意識してのことである。

本居は、『古事記』が「人の口に言ひ伝へたらむ事」を大事にして「古の語言を失はぬを主」とするのに対し、『日本書紀』は「誠に書紀は、事を記さる、こと広く、はた其の年月日などまで詳にて、不足（あかぬ）ことなき史（ふみ）なれば、此の記の及ばざることも多きは、云ふもさらなり」と評価しつつも、「漢に似るを旨として」書かれたものとして『日本書紀』編纂意図を批判している。

多くの人が、本居の研究の中で一番に取り挙げるのは、「もののあはれ」である。若いころに故郷松坂に帰った本居は、和歌を詠み始めた。

本居は「もののあはれ」や「やまとたましい」「やまとごころ」など、すでにその時代にはなくなってしまった本来の意味を突き詰めていく中で、日本という国のありようを説くことになった。

例えば、私たち現代人は、「やまとごころ」すなわち「大和魂」は勇猛果敢（ゆうもうかかん）という意味でしか知らないが、それには、勇猛果敢の意味も持ちつつ、同時に「和魂（にぎみたま）」と呼ばれる穏やかな協調心という意味も持っている。

そして、本居は、その「やまとごころ」の歌を詠んでいる。有名な歌なので、皆さんも一度は耳にしたことがあるかもしれない【図1】。

「しき島のやまとごゝろを人とはゞ朝日にゝほふ山ざくら花」

歌の意味は、やまとごころとは何かと人に問われれば、それは朝日の中で「におう」山桜のようなものだ、というものである。この歌を現代語訳するのは甚だむずかしい。現代のみならずその時代〳〵によって解釈も違っている。特に「におう」の解釈は難解だ。本居の本意がどこにあったのか。案外、本居にしかわからないというのが正解かも知れない。

図１　本居宣長六十一歳自画自賛像
（本居宣長記念館蔵）

『偽僭説』の生まれた背景

その日本人が持つ心と対立するのが、中国の精神、「からごころ」である。本居を研究した城福勇一は次のように述べている。(註3)

「生まれたままの心に見られる、もっとも人間らしい心（彼は、これを「真心」と呼んだ）を主とするものであったと思われ、それは「さかしら」を事とする「からごゝろ」に対立する関係」なのである。

今まで述べてきたように、本居は中国的なものの考え方「からごころ」を批判するが、

「漢心（からごころ）とは、漢国のふりを好み、かの国をたふとぶのみをいふにあらず、大かた世の人の、万の事の善悪是非(よさあしさ)を論ひ、物の理りをさだめいふたぐひ、すべてみな漢籍(からぶみ)の趣なるをいふ也」

このように、中国だけでなく、日本においても、ものを判断するのに、中国的思考に基づくことを良しとせず、

「当然之理とおもひとりたるすぢも、漢意の当然之理（しかるべきことわり）にこそあれ、実の当然之理にはあらざること多し、大かたこれらの事、古き書の趣をよくえて、漢意といふ物をさとりぬれば、おのつからいとよく分るゝを、おしなべて世の人の心の地、みなから意なるがゆゑに、それをはなれて、さとることの、いとかたきぞかし」（玉かつま、一の巻）（本居宣長『玉かつま』一の巻）

と「からごころ」では当然のことでも、「やまとごころ」では当然ではないことも多く、日本古典

いる。

の趣旨をわきまえればよいものを、世の人々は中国的思考に基づくので悟ることができないと嘆いている。

ここから、本居の偽僭説につながってくる。

「偽僭」という意味は、「分をこえて上位の者のまねをすること。身分違いのおこないをすること」とある。本居は、そうした「さかしら」（広辞苑には「かしこそうにふるまうこと。りこうぶること。」とある）の「からごゝろ」の国に対して、日本の皇室が朝貢したはずはない、という信念があった。そこから、『日本書紀』に書かれている景初三年以下の、倭の女王が魏に朝貢したとする記事は、日本の皇室の威光は近隣にも伝わっているので、その威光を語らった九州の熊襲（くまそ）あたりの人間が、皇室のふりをして中国に朝貢したというである。

この偽僭説が『馭戎慨言（からをさめのうれたみごと）』として書かれるのである。

『馭戎慨言』

本居は、安永六年（一七七七）『馭戎慨言』（からをさめのうれたみごと・きょじゅうがいげん）を書いた。安永六年は、本居が『古事記伝』を書き始めた一七六四年（明和元年）から十三年後のことである。

次に示した『日本書紀』の中にある文章について、これは九州の土酋（どしゅう）がヤマト朝廷の皇族と偽って魏に朝貢したと考えた。

『日本書紀』神功皇后の条

三十九年。是年、大歳己未。魏志に云わく、明帝の景初の三年の六月、倭の女王、大夫難斗米等を遣して、郡に詣りて、天子に詣らむことを求めて朝献す。太守鄧夏、吏を遣して将て送りて、京都に詣らしむ。

四十年。魏志に云わく、正始元年に、建忠校尉梯携等を遣して、詔書印綬を奉りて、倭国に詣らしむ。

四十三年。魏志に云わく、正始四年、倭王、復使大夫伊聲者掖耶約等八人を遣して上献す。

本居がこの文章に対して『馭戎慨言』の中に書いた部分を書き出すと、

「かの国（魏）へ使をつかはしたるよししるせるは、皆まことの皇朝の御使にはあらず。筑紫の南のかたにていきほひある、熊襲などのたぐひなりしものゝ、女王の御名のもろもろのからくにまで高くかゞやきませるをもて、その御使といつはりて、私につかはしたりし使也。」

これだけを読むと本居の思いつきのような話に聞こえるが、本居の学問は、それを超えた大きな世界を持っていて、その中からこの偽僭説が出てきていることがわかる。それは、先に述べた「やまとごころ」を持つ倭が「からごころ」の国に朝貢するはずはないというところから出てきている。つまり、かの国というのは、当時の中国（魏）のことで、そこに使いを出したのは、筑紫（ここでの筑紫は今の九州を指す）の南の方で勢いのあった熊襲などの類であって、女王、ここでは神功皇后の名が、中国までとどろいているのをいいことに、その使いと偽って勝手に遣わしたもの、だというのである。

本居の『馭戎慨言』のそれぞれの漢字の意味は次のとおりである。まず、馭は馬を操ること、戎は北方遊牧民族のこと、慨は嘆かわしく思うこと、つまり『馭戎慨言』とは馬を操る北方民族のような蔑視される人間たちを嘆(なげ)かわしく思って書いたものというような意味である。

思想的な背景はここまでにして、偽僭説によって想定される邪馬台国の位置について、もう少し詳しく述べることにしよう。本居は次のように書いている。自分なりに現代語訳してみた。

「魏の使者が、大和の京へ来るとき、通過してきた道程を『魏志』の文がいっているのは、あたっているように思えるけれど、よくみると、本当は、邪馬台国は、大和の京ではない。なぜならば、対馬・一支・末盧・伊都までは、『魏志』に記してあるとおりで、間違いないが、その次にみえる奴国・不弥国・投馬国などというのは、漢・呉音はいうまでもなく、現在の唐音をもってあてても、大和への道には、そういう所の地名などみつからない。」

そこで、魏への使いは、「まことの皇朝の御使にはあらず」、「熊襲などのたぐひなりしものの」が、女王の「御使といつはりて」大和朝廷の名をかたった、九州の土豪だとしている。

本居は、当時の朝廷が大和にあるという前提で述べているので、そういう意味では、邪馬台国はどこかという問題は別にして、近畿大和地方に当時の皇朝政権中枢が存在したと考えていたことが分かる。そして、『魏志』倭人伝に描かれる世界は、それとは別に九州にあるとする。今から考えると、本居の言っていることは、倭の二元国家論のはしりである。

第二節　倭の二元国家論

新井白石と本居宣長

江戸時代の邪馬台国研究を語るとき、忘れてはならないもう一人の研究者に新井白石（あらいはくせき）がいる。

新井は、「神とは人也」（新井白石享保元年（一七一六）『古史通』）と言って世間に受け入れられた。つまり、江戸時代の人々は、すでに『古事記』神代巻に書かれている神話を史実ではないという疑いを持っていながら、それを公言できず、悶々（もんもん）としていたところに、「神とは人也」と言って、神の所業は、人の所業を映し出したと解釈したのである。世間はこの新井に賛辞を贈ったのである。後世の本居が神代の出来事をそのまま信じる姿勢で読んだのとは大きな違いがある。

中国の史書に対する態度も全く異なっている。新井は、

「本朝にこそ書もすくなく候へども後漢書以来異朝の書に本朝の事しるし候事いかにもいかにも実事多く候」

と述べ、それまで『魏志』倭人伝などの中国の史書を軽視していた風潮を批判した。それと真摯（しんし）に向かいあい、極めて精緻かつ論理的に考察して、邪馬台国研究の始まりと評されるに値するものであ

る。新井が実証主義者と言われる由縁である。

そこに本居が『馭戎慨言』で漢籍をまったく相手にしなかったのとは大きな違いがある。新井は、邪馬台国九州説の始まりとされている。しかし、それ以前に新井が書いた『古史通惑問（こしつうあくもん）』（一七一六年）においては、「即今の大和国をいひしなり」と近畿説をかかげた。対馬国を対馬、一支国を壱岐、末盧国を肥前国松浦郡、伊都国を筑前国恰土郡、奴国を筑前国那珂郡、不弥国を筑紫国の宇美に当てたが、投馬国は「いまだ詳ならず」として保留にしつつも、

「魏志に筑紫より水行二十日にして投馬国に至り、是より邪馬台国に到るに水行十日陸行一月とみへけり。世に相伝ふる所は備後国鞆浦は神功鞆を蔵められし所なりといふ。投馬は鞆の語、転ぜしにや。又播磨の須磨の浦をいふ海西の要地なりけり。投の音、頭と同く須磨の音、転じたりけむもまたしるべからず。」

と投馬国を鞆の浦もしくは須磨の浦に比定した。

ところがその後、新井の『外国之事調書』（一八世紀初頭）に書かれたものでは、邪馬台国＝筑後国山門郡説、投馬国＝肥後国玉名近辺説が説かれている。この『外国之事調書』の文章を読む限り、あまり確たる根拠は述べられてはいない（『初刊』図1参照）。

それから五十有余年、本居が『馭戎慨言』で前に述べたような「偽僭説」を提示することになる。

『魏志』倭人伝が描いた世界

本居は、時の政権中枢を大和朝廷と考え、それとは別の「筑紫の南のかたにていきほひある、熊襲などのたぐひなりしもの」のような存在が、筑紫にあったと主張した。魏の使いが、赴いたのが大和朝廷ではなかったにしても、そこに描かれたものは、『魏志』倭人伝に描かれた偽りの倭の女王が支配する九州社会であったと考えている。

そういう意味で、筆者は自分の考えが、本居の熊襲偽僭説そのものではないけれども、北部九州に近畿の皇朝政権とは違う邪馬台国という別の政治勢力があり、『魏志』倭人伝は、そこを描いたのだという部分には賛同する。

それならば、あらためて、「筑紫の南のかた」とまではいかないが、北部九州がその時期に、『魏志』倭人伝が描いた邪馬台国の可能性はないのか。

最近の考古学的調査を見ると、近畿地方、特に奈良県纏向（まきむく）遺跡のさまざまな発見によって、ヤマト王権発祥の地は、奈良盆地東南部、三輪山の麓の地であることがわかってきた。この事実は、簡単にはくつがえりそうにない。

纏向遺跡は弥生時代終末（古墳時代初頭）に、急激に大きくなり、各地との交易が盛んになった。これは他地域の土器が多量に発見されて、西日本各地と活発な交流があったことからもわかる。指導者と考えられる人は、纏向石塚古墳のような特別な墓を造り、その墳丘墓は、やがて古墳時代には箸墓古墳と呼ばれる全長二百八十メートルの、最も古くて大きな定型化した前方後円墳に発展していく。その古墳は大きいばかりでなく、岡山や出雲など、当時の有力な各地域の祭祀の要素を取り入れていて、それらの地域と政治的に深い関係を持っていたことも分かっている。昔からこれを卑弥呼の墓と考える研究者も多くいる。

近畿説では、この纒向遺跡のような特別重要な遺跡に生まれた主が、『魏志』倭人伝に書かれた専制的な指導者としての女王卑弥呼に重ね合わされて、纒向遺跡＝邪馬台国の中心と考えられているところである。

さて、それでは、もう一方の北部九州は、どのような社会だったのだろうか。それは、以前の著作で一冊にまとめて書いたのでそれを参照していただきたい（『続刊』）。一言では言えないが、前作を読まれていない方のために、敢えてまとめるならば、次のようになるだろう。

筑紫平野には、環濠集落が平均して五～十キロメートルくらいの間隔で作られている。間隔が十キロメートルを越す例もあるが、その中間には未発見の環濠集落があることも考えておかなければならないだろう。そして、その一つ一つが、クニと呼ばれていたと考えられる。今から十年前に、そうした筑紫平野の環濠集落の分布図を作成してみた（『初刊』図28）。その段階で分かっていた環濠集落は、主に筑紫平野でも北側に集中していた。

その後、改訂したもの（『初刊改訂』図48）では、弥生時代後期中頃～終末のいわゆる邪馬台国時代の環濠集落網は、筑紫平野全域に拡大していることがわかった。筑紫平野を網の目のようにつなぎ、それぞれの距離が短く、お互いに共存しなければならなかったようである。とてもそれぞれのクニどうしが長期間戦争することなど考えられない。そして、それぞれの環濠集落で、纒向遺跡のようにとび抜けた存在がないというのも、この北部九州の遺跡の特徴である。

ときには、そうしたクニも何かのきっかけで緊張状態に入ることもあったであろう。それが、『魏志』倭人伝にある次のような文章である。

「其の國、本亦男子を以って王と爲し、住まること七・八十年。倭國亂れ、相攻伐すること暦年、乃ち共に一女子を立てて王と爲す。名づけて卑彌呼と曰う。」

こうした緊張状態を回避するために、一女子が共立された。その女性の名前が卑弥呼であった。

前著作では、特に卑弥呼の擁立された背景や、その後の卑弥呼を取り巻く環境をもとに、考古学的資料を含めて邪馬台国九州説について述べてきた。

卑弥呼が歴史舞台に登場したときのいきさつは、卑弥呼の性格を見ていくうえで重要なことである。

『後漢書』東夷伝には、

「桓・霊の間、倭国大いに乱れ、更々相攻伐し、歴年主なし。一女子あり、名を卑弥呼という。」

とある。

ここには、卑弥呼が実力で王の地位をものにしたのではなく、倭のクニグニが長年の戦争によって乱れ、そのためにそのクニグニによって王として共に立てられたと書かれている。このことから卑弥呼が、倭国あるいは邪馬台国連合を治めたカリスマ的な独裁者ではなくて、みんなに支えられてクニグニの安定を保ったということがわかる。

もう一つ、卑弥呼を考えるうえで注目すべき重要な文章がある。それは、『魏志』倭人伝の中にある次の文章である。

「鬼道に事え、能く衆を惑わす。」

鬼道というのは、神がかった、巫女として神の意志を伝える所業であろうが、私は、卑弥呼がクニグニのもめ事に対して、それぞれの思惑（おもわく）を聞き、適切な解決法を、神の声という手段によって伝え、従うように仕向けたものだと理解した。

もちろん長年の間に卑弥呼のその地位における性格は変わっていったであろう。これは、『魏志』倭人伝の次の文章からもわかる。

「年已に長大なるも、夫壻無く、男弟有り、佐けて國を治む。王と爲りしより以來、見る有る者少なく、婢千人を以って自ら侍せしむ。唯ゝ男子一人有り、飲食を給し、辭を傳え居處に出入す。宮室・樓觀・城柵、嚴かに設け、常に人有り、兵を持して守衛す。」

このように、やがて、卑弥呼は専制的・独裁的な色合いを帯びてくる。千人の婢（はしため）を自分のまわりに侍らせ、男子が飲食物を運んだり、命令や意思を取り継いでいた。生活する場所は宮室や楼観（ろうかん）で、まわりには城壁や柵が厳しくめぐらされ、兵器を待った者が警護に当ったとある。いつまでも諸国が共立して、その調整役を担うだけの卑弥呼ではなかった。この変化は容易に想像できる。その最たる場

面が、

「卑彌呼以って死す。大いに冢を作る。徑百餘歩、徇葬する者、奴婢百餘人。」

の部分である。最後は、大きな墓を作り、徇葬者の奴婢が百余人というのである。誇張があるかも知れないが、これは卑弥呼が政治的な力を持ちえたことを意味している。

ところが、専制の道を進んだように見えた邪馬台国は、卑弥呼の死後、再び混乱に陥る。

『魏志』倭人伝には、卑弥呼の死後の事件を次のように書いている。

「更に男王を立てしも、國中服せず。更〻相誅殺し、當時千餘人を殺す。復た卑彌呼の宗女壹與年十三なるを立てて王と爲し、國中遂に定まる。」

卑弥呼が死んだあと、その専制的な支配体制の路線を男の王が受け継ごうとしたが、再び戦争が起きてまとまらなかった。そこで、再びかつての卑弥呼のような、かよわき女性が女王になって国がまとまるのである。壹與（いよ）は臺與（とよ）と書かれたものもあり、本書では臺与（とよ）に統一する。歳は十三歳である。

この状況を見る限り、私は、九州の弥生時代終末期は、極端に秀でる遺跡がなく、小さなクニグニが集まって運営されていた北部九州の状況がその記述に相応しいとみている。近畿説の多くの人は、古墳時代初頭（庄内式土器期）、人によっては弥生時代終末期に纏向遺跡が一極集中して発展すると考えている。私はそのような大和的な遺跡の在り方ではないと思う。

前著作と同じことを繰り返すようだが、筆者は、『魏志』倭人伝が描いた邪馬台国は、その時代の倭の地域でいちばん進んでいる地域のことを述べたのではなく、ある地域の状況を見て報告した文章だと思っている。そしてそれが北部九州のことであったとも思っている。

本居のように、北部九州の勢力が近畿勢力を偽僭したとみるわけではないが、本居が述べた部分の一部、すなわち、近畿地方にあった勢力とは別に九州にも別の政治勢力が存在していたという二元論的な考え方に賛同するものである。

新鮮な本居の『偽僭説』

かつて津田左右吉は、文献と考古学の関わりについて述べている。要約すると次のようになる。文献の記載が曖昧で疑わしい場合に、考古学の知識によってそれを批判することは異論がない。しかし、記紀の神代歴史を扱うときに、考古学的知識をもって補うことは誤りである。「考古学を考古学として独立に研究した上の知識でなくてはならぬ。」つまり、「記紀のほかに参考すべき文献がないような事物を取り扱う考古学の研究は、もっぱら遺跡や遺物そのものによらなければなるまい。」そして、「もしそれに反して、未だ批判を経ない記紀の記載に、よい加減の意味をつけ加え、その助によってつくり上げられた似而非なる考古学があるとすれば、それは考古学としての本領を傷つけるものであると同時に、また決して記紀の批判の助となる資格のないものである。(註4)」

津田はここでは記紀を対象にして、考古学の古代史への関与について、警戒したり、区別すべきだというようなことを書いているのであるが、これは中国の書籍である『魏志』倭人伝でも同じことがいえるであろう。

もちろん時代は移り変わり、今では考古学でも文献史学でも共同して歴史を解明しようというのが、当たり前になってきている。いつまでも津田のように文献史学は文献史学、考古学は考古学という領域に固執する時代ではない。例えば邪馬台国論争において、中国の『魏志』倭人伝という文献の記載を考古学の知見で述べることは当たり前である。もはや、考古学の膨大な成果が、邪馬台国論争において、国の成立という点からも見逃せなくなってきている。

ところが、近畿説では、遺跡がどんどん大きくなっている状況を語るだけのような気がする。それが次のヤマト王権につながると言う説明は理解できるが、考古学によって『魏志』倭人伝に書かれた社会に、どれだけ近づいているのか、私にはわからないことが多い。

話は少し横道にそれるが、国は、歴史上、突然できる場合もあるし、そうでない場合もある。その言動で物議をかもしたトランプ前大統領の国アメリカは、一七七六年の独立戦争によってイギリスの統治を離れて国が始まった。中国は、古い歴史がある国であるが、国際社会が認める国は一九四九年の中華人民共和国の建国からである。しかし、アメリカも現在の国ができる前には、原住民の社会があったし、中国もご存じの通り歴代、いろいろな王朝の盛衰があって今日の中国がある。

日本では六世紀初めの継体朝以前に王朝交代があったかもしれないが、万世一系の天皇や国体は変わらないと信じられてきた。仮に王朝交代があったとしても、根本的に国の仕組みを変えるようなものではなかったと思われる。なぜなら、その都は、近畿の一地域に一貫してあったからである。

さて、その日本の国の起源がどこにあったのかという問題に移ろう。もし邪馬台国が近畿にあったとすれば、少なくとも三世紀の中頃か後半には、現代につながる日本の国の起源をそこに見出すことができるということになる。その地で発展した纒向遺跡は、古墳文化の中軸になって、その後の日本につながるからである。

しかし、一方、邪馬台国が九州にあったとすれば、それは、その後に日本国家成立につながるヤマト王権とは直接つながりがなく、弥生時代終末期まで存続を保ち、やがて古墳時代に入ると、かなり短期間のうちに、前方後円墳に象徴されるヤマト王権に飲み込まれてしまったという考えである。筆者はこちらの方の考えをとっている。

つまり、邪馬台国のあった時代には、西日本の中に二つの大きな勢力が存続し、一方は時とともに巨大になり、もう一方は衰退すると考えるのである。これは、倭の二元国家論とでもいうような状況を意味している。日本の国も、ヤマトだけで単純に発展していって国家を成すのではなく、その地以外での歴史を経て、現在の日本国家につながっていくのである。

本居の偽僭説のような思想は、今から見れば古い国粋主義と見られるかもしれないが、それは今の時点から見た歴史の見方の一つであって、その時代には、そういう歴史の見方をする社会の環境があったということである。

今、邪馬台国論における本居の考えは、評価されているとは思えないが、今回の私の結論は、北部九州に栄えた邪馬台国は、本居が言ったように存在していたと考えるものである。

私の倭の二元国家論は、本居の述べた偽僭説とは、かなり違った内容であると思う。しかし、すでに本居は江戸時代の中頃に、ヤマトに大和朝廷があって、それに従わない九州の勢力がいたということを述べている。もとをただせば、神話のヤマトタケルの物語などにそういう記述はあるが、景初三年、卑弥呼の朝貢を絡めて、それを述べた本居の考えは、筆者にとっては新鮮な説であり、この本を通して筆者が述べたい倭の二元国家論の原点ともいえる考え方が、ここにあると思い、最初に本居を取り上げた次第である。

第二章　邪馬台国時代の年代

第一節　邪馬台国時代とは

邪馬台国時代の定義

簡単に邪馬台国時代と言っているが、これから邪馬台国を語るにあたって、まずそれがいつからいつまでなのか、それに関して筆者の考えを整理しておこう。

まず、邪馬台国時代をいつとするかという問題は、文献史学の立場から定義しなければならないだろう。なぜなら、邪馬台国に関して絶対年代がわかる資料は、今のところ、文献しかないからである。そしてそれによって定義された絶対年代が、考古学的にどのような時期にあたるのかが検討されるのである。

卑弥呼が即位するのは、西暦一八〇〜九〇年代と考えられている。その根拠は、『魏志』倭人伝に書かれた

「其の國、本亦男子を以って王と爲し、住まること七・八十年。倭國亂れ、相攻伐すること暦年、乃ち共に一女子を立てて王と爲す。名づけて卑彌呼と曰う。」

という文章からである。井上光貞は「住（とど）まること」が「七・八十年」と書かれているのは、『後漢

書』東夷伝にある永初元年（西暦一〇七年）の倭国王帥升の朝貢から起算した年数が、七・八十年であるということを根拠にしたものとする。これに従うと、卑弥呼が共立されるのは、西暦一八〇〜九〇年頃ということになる。

　この卑弥呼の登場は突然ではあるが、それを引き起こした事件は、『後漢書』東夷伝によるところの中国後漢時代の桓帝・霊帝の間に起きた「倭国大いに乱る」である。倭国乱の記事は後漢の桓帝・霊帝の治世時代（一四六〜一八九年）とあるが、桓帝が死去し、霊帝が即位したのは一六八年であるから、その前後ころのことであろう。倭国乱を一六〇年代頃として、これが邪馬台国時代の始まりとみるのである。つまりこの桓霊の間に起きた「倭国乱」によって女王卑弥呼が誕生するところから、邪馬台国時代は始まるという考え方である。

　ご承知の通り、邪馬台国論争は、「邪馬台国九州説」（以下「九州説」という）とそれに対する「邪馬台国近畿説」（以下「近畿説」という）がある。この卑弥呼即位は、九州説では筑紫で起きた事件とみるし、近畿説では近畿を含めた西日本全域で起きた事件とみるのである。

　邪馬台国時代の終わりはいつなのか。

「卑彌呼以って死す。大いに冢を作る。徑百餘歩、徇葬する者、奴婢百餘人。更に男王を立てしも、國中服せず。更ゝ相誅殺し、當時千餘人を殺す。復た卑彌呼の宗女壹與年十三なるを立てて王と爲し、國中遂に定まる」

　卑弥呼が死んで、男王が立ったが、国がまとまらず年十三の臺与が擁立されている。邪馬台国時代とは、基本的にはここまでであろう。

『日本書紀』の神功紀に引用される『晋起居注』では、泰始二年（二六六）に、倭の女王の使者が朝貢したとある。これが臺与だった可能性がある。しかし、邪馬台国とは別の、後のヤマト王権の使者であった可能性もある。もし泰始二年の朝貢の主体が臺与だったとすれば、少なくとも邪馬台国時代は、そのころまで続いていたということになるが、定かではないので、ここでは考慮しないこととする。

このような理由から筆者は、邪馬台国時代を、西暦一六〇年代頃の「倭国乱」から西暦二四〇～五〇年代の卑弥呼の死とそれによってもたらされる混乱と臺与の共立までのおよそ八十～九十年に定義しようと思う。

邪馬台国時代は弥生時代か古墳時代か

研究者の中には、邪馬台国時代を弥生時代という人もいれば、古墳時代という人もいる。一見、年代からして違うような誤解を招きかねないが、そうではない。邪馬台国時代の絶対年代は同じだけれども、それを弥生時代ととらえるのか、古墳時代ととらえるのかという違いである。そこは、弥生時代とは何か、古墳時代とは何かという互いの社会観をもって議論すればよい。

この問題は、邪馬台国所在地の問題につながってくる。邪馬台国を単独に九州に存在した地方勢力とみて弥生時代と捉えるのか、それとも次のヤマト王権に連なる、あるいはすでにヤマト王権の一部になっている中央権力とみて古墳時代と捉えるのかという違いである。

邪馬台国時代を途中で切って、前の方を弥生時代、後ろの方を古墳時代と考える人がいてもいいのであるが、そういう見方をする人はあまりいない。というのは、九州説では邪馬台国時代を弥生時代に九州に存在した地方勢力の存続する期間とみているので、そこは途中で切る必要はないのである。一方、近畿説でも、邪馬台国をヤマト王権の前身、あるいはそのものとみなすために、ここでも一連の歴史の流れと考え、古墳時代と理解するのが最近の流れである。

ただし、近畿説の中には、邪馬台国をヤマト王権の前身と考えて、それ以後のヤマト王権が確立する段階との間に大きな差を認めようとする立場をとる人もいる。したがって、その象徴である定型化された前方後円墳以前の段階を弥生時代ととらえる人もいるのである。

筆者の考えを明確にしておきたい。筆者は、九州説で邪馬台国時代を弥生時代ととらえている。これを一言で述べることはむつかしい。今までの論考『初刊』『続刊』に立脚したうえでのことである。

ある絶対年代を、西暦〇年から〇年までと言えば、それは絶対的な基準であり、議論する上で一つの基準になるのだが、それを弥生時代だとか古墳時代だとか、現代の研究者がつけた時代区分に従って言うことになるから問題が出てくる。これはむつかしい問題で、いまだに弥生時代と古墳時代をどこで線引きするのか、決まっていない。そこで、邪馬台国時代のことが書かれた本を読むときに、その著作が文章の中で「弥生時代」「古墳時代」のような考古学的な用語を使用していれば、その著者は、邪馬台国時代を「弥生時代」ととらえているのか、「古墳時代」ととらえているのか、それを確認したうえで読む必要がある。

さらにそれを複雑にしているのが地域的な問題である。

江戸時代から明治時代の変わり目は、明治維新の五榜(ごぼう)の掲示(けいじ)のように、たちどころに全国津々浦々まで体制が変わったことを知らせることができた。明治時代は、今ほどではないにしても、情報伝達の仕組みが整っていて、情報が到達するのに地域差のない時代だった。

ところが、弥生時代から古墳時代への移行というのは、政治体制が変わったことや社会構造の変化が文化現象として遺跡や遺物に反映されたものなので、それを今証明できるものは考古学的な成果でしかない。それをみると、例えば近畿系の土器が出現したとか、石室に北部九州の影響がみられるというような時代の変化は、緩やかな文化の変化の解明でしかわからない。文化が波及するのに、地域差が出てくるのは当然のことである。そのスピードを速いものととらえるか、遅いものととらえるかによって、時代転換の認識に地域的な差が出てくるのは当然である。

弥生時代の始まりであれば、稲作農耕文化の始まりである玄海灘沿岸部がその先駆けをなし、同じ北部九州でも瀬戸内海沿岸の豊前・豊後地方までそれが波及するのに約一〇〇年、近畿地方まで波及するには、数百年を要している。前方後円墳の成立を指標にする古墳時代の始まりとなると、その発生地は近畿地方であって、九州までそれが波及するにはそれなりの時間を要することになる。

このような状況から、弥生時代と古墳時代の境を決めるときに、その地域の古墳の成立をもってするにしても、古墳が成立した絶対年代に地域差が出るのは当たり前なのである。ヤマトで庄内式土器期に纏向型前方後円墳ができて、そこから古墳時代ととらえる意見があったとしても、九州には、まだその影響は及んでおらず、九州では青銅器祭祀をはじめとする、弥生社会が継続していると考えるのであるから、筆者はその時代を弥生時代といっても何ら問題はないと思う。

考古学知見と邪馬台国論争

正しいか正しくないかは別として、考古学研究者の間では、近年、邪馬台国近畿説が有力である。確かに、最近の考古学的調査によって邪馬台国時代の近畿地方では、邪馬台国近畿説の本命、纏向遺跡が急速に発達してきた状況が明らかになってきた。そこで、「纏向遺跡こそが邪馬台国である。」という流れが考古学で有力になってきた。

それでは、遺跡の規模や出土品などの優劣で邪馬台国の場所が決まるのだろうか。よく考えてみると、考古学だけでは、ここが「邪馬台国」という確実な証拠になるものはない。「邪馬台国」を示すような文字資料が発掘調査によって出てくることは到底期待できない。

考古学からみた邪馬台国論と歴史学全体から見た邪馬台国論には、大きな隔たりがある。

現在の研究で、邪馬台国論争をむつかしくしているのは、『魏志』倭人伝の「邪馬台国」から離れてしまって、どちらの社会が優位だったのかということを論じてしまっているということである。

しばしば、九州と近畿、どちらが進んだ社会かを論じて、九州だ、近畿だということを議論する人がいる。特に考古学ではそういう見方をする人が多い。

しかし、「邪馬台国論争」というのは、『魏志』倭人伝に書かれた「邪馬台国」がどこにあったのかを論じるもので、決して社会の発展段階に優劣をつけるものではない。

近年、「近畿説」が優位に立っているのは、「近畿説」の本命である纏向遺跡の調査成果が、マスコミなどに華々しく取り上げられることと大いに関係があると思う。纏向遺跡は実際に強大な遺跡である。吉備をはじめ周辺地域との交流を裏付けるものも多く発掘されている。その事実を疑っては科学的な議論はできなくなってしまう。「九州説」の一部の人は、ことさら纏向遺跡を過小評価するが、科学的精神を離れて感情論でみてしまっては、議論は先に進まない。

しかし筆者は、近畿地方で纏向遺跡が出現してからもしばらくの間は、北部九州の力（軍事力、政治力、経済力、文化習熟度など）が、近畿よりも劣っていると思っているわけではない。特に、「ツクシ」は、纏向遺跡に対抗する注目すべき地域だと思っている。

「北部九州」というと、東部の「トヨ」の地域も含んでしまう。そこは、ツクシとまた別の勢力があることを、以前述べたことがある（『初刊改訂』の第四章第二節）し、この本の第四章第二節でも述べることにする。ここでは、北部九州全体ではなく、筑紫平野を中心とした邪馬台国「ツクシ」説に読み替えることにして続けることにしたい。

前に述べたように、筆者は、邪馬台国時代を、倭国大乱から臺与の即位までの八〇〜九〇年間と考えた。その間、筑紫平野の各遺跡は、纏向遺跡のように一極集中するのではなく、それぞれの遺跡が個々に繁栄していた。一つ一つの遺跡はあまり大きくないが、それらの各遺跡から出土するものを総合すると、当時の倭の中では、やはり卓越した先進的地域であったことがわかる。

先に、考古学的知見は、纏向遺跡を中心に近畿説が有利な状況になっていると書いたが、筆者は、考古学的にこの時代全体を通して、どちらかが一方的に力があったとは思っていない。大きくみれば、邪馬台国時代の前半は、弥生時代以来の集落を継続させ、社会的にも安定していたツクシに力があったと考える。しかし、時代が下るにつれて近畿、特に纏向遺跡を中心とした勢力は、急速に力をつけ、吉備・北陸・東海といった各地方との関係を強化させてその影響力を増していく。邪馬台国時代は両者が拮抗していた【図2】。

その両方の勢力が、お互いにどこまで政治的な関係を持っていて、その政治力を相手に対して及ぼそうとしていたのかはわからない。纏向遺跡からは、日本各地の土器が出土しているが、その中で九州の土器は異常に少ない。その出土状況をみると、敵対意識を持つというよりも、ほとんど直接的な交渉はなかったのではないかと思う。

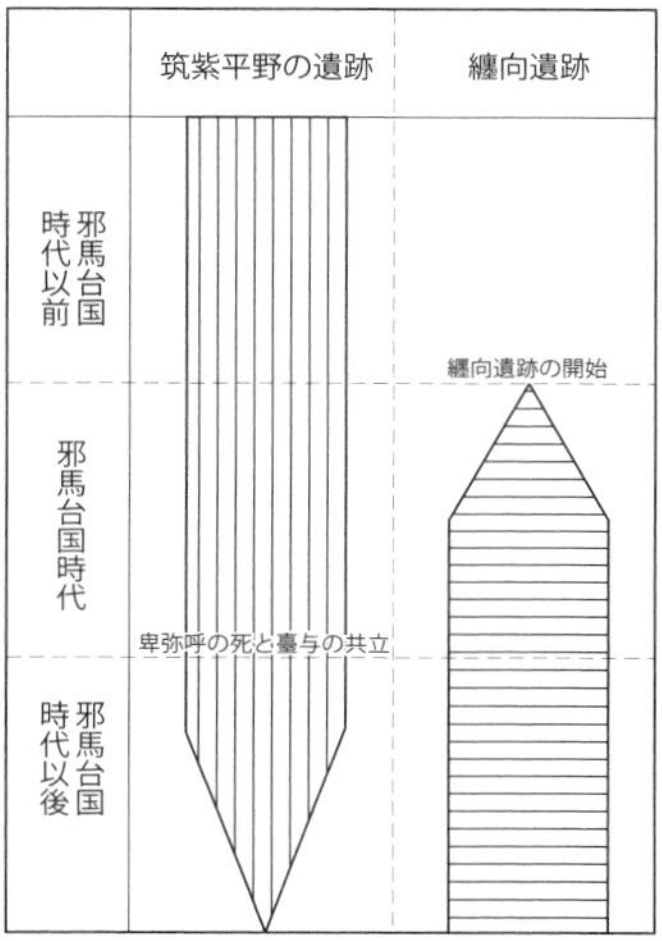

筑紫平野の遺跡
纏向遺跡
邪馬台国時代以前
纏向遺跡の開始
邪馬台国時代
卑弥呼の死と臺与の共立
邪馬台国時代以後

図２　筑紫と纏向遺跡の勢力概念図

纏向遺跡が邪馬台国時代に急速に大きくなり、周辺地域に影響を強めていたことは明らかである。その考古学的な事実と邪馬台国論争がどうして結びつくのか。かつて近畿説には、三角縁神獣鏡を邪馬台国論と結び付けた小林行雄の同范鏡配布理論のように、科学的、合理的な説明に基づく、わくわくするような学説があった。今日、いろいろな近畿説があることは周知のことと思う。それらを一つ一つ取り上げるわけにはいかないが、小林理論を継承する主に京都大学系統の研究と、纏向遺跡などの新たな考古学的成果をもとに構築された、「ヤマト王権論」に代表される近畿説があり、九州説に固執せずこれらを注視しなければならない。

第二節　土器型式と絶対年代

九州の土器と近畿の土器

この第二節で明らかにしたいことは、邪馬台国論争を論じる際に、遺跡を比較する基準となる、北部九州と近畿の土器の関係についてである。

卑弥呼が即位したと考えられる西暦一八〇年代の土器形（型）式が、九州はどれで近畿ではどれか、また卑弥呼が死んだ西暦二四七年頃の土器形式が、九州はどれで近畿ではどれかということを、みんなが共通した認識でいればいいのだが、現状は、研究者間でまだ一致していない。北部九州における弥生土器の最後の形式は、西新（にしじん）式土器だという見解は、おおむね一致している（西新式土器は、後で説明する）。しかし、それと同じ時代の近畿地方の土器形式がどれなのか、九州の研究者内で見解が一致していないのである。

九州のほうからみるとこういうことになるだろう。

邪馬台国時代、九州の土器は西新式土器であるが、それに対する近畿では○○○土器である。九州の研究者には、その○○○土器の○○○に「V様式」という土器形式を入れる人と、その後の「庄内式」と入れる人がいるのである。

そうなってくると、北部九州で西新式土器を出土する遺跡・遺物を近畿地方と比較検討する際、相手先の近畿地方の遺跡・遺物が人によって違ってくることになる。

同じ時代の双方の遺跡を比較することによって、はじめて双方に、どの程度の交渉があったのか、それぞれに対する相手方にどういう影響が及んでいたのかがわかるのである。

筆者は、○○○の中に入る用語は、「庄内式」で、土器形式としては、庄内式土器と考える。しかし、高島忠平のように庄内式土器段階以前のV様式の土器だという人もいる(註1)。

西新式土器に並行する土器を庄内式土器段階に考える人は、庄内式土器の遺跡である纏向遺跡を比較対象にし、V様式に考える人は、まだ纏向遺跡ができていない段階を考えるのである。これでは、いくら土器・遺跡をもって「九州説」か「近畿説」か、比較を行ったところで、お互いが違う時点の資料を論じることになってしまって、議論がかみ合うはずがないのである。

高島の主張は、吉野ケ里遺跡における自らの発掘体験に基づくもの（環濠の埋もれた時期とその直後に作られた古墳の関係による）なので、それはそれとして、現場の判断は尊重しなければならないと思う。しかし、筆者も自分の調査した遺跡で、弥生時代終末の土器群に庄内式土器を含んでいる（例として

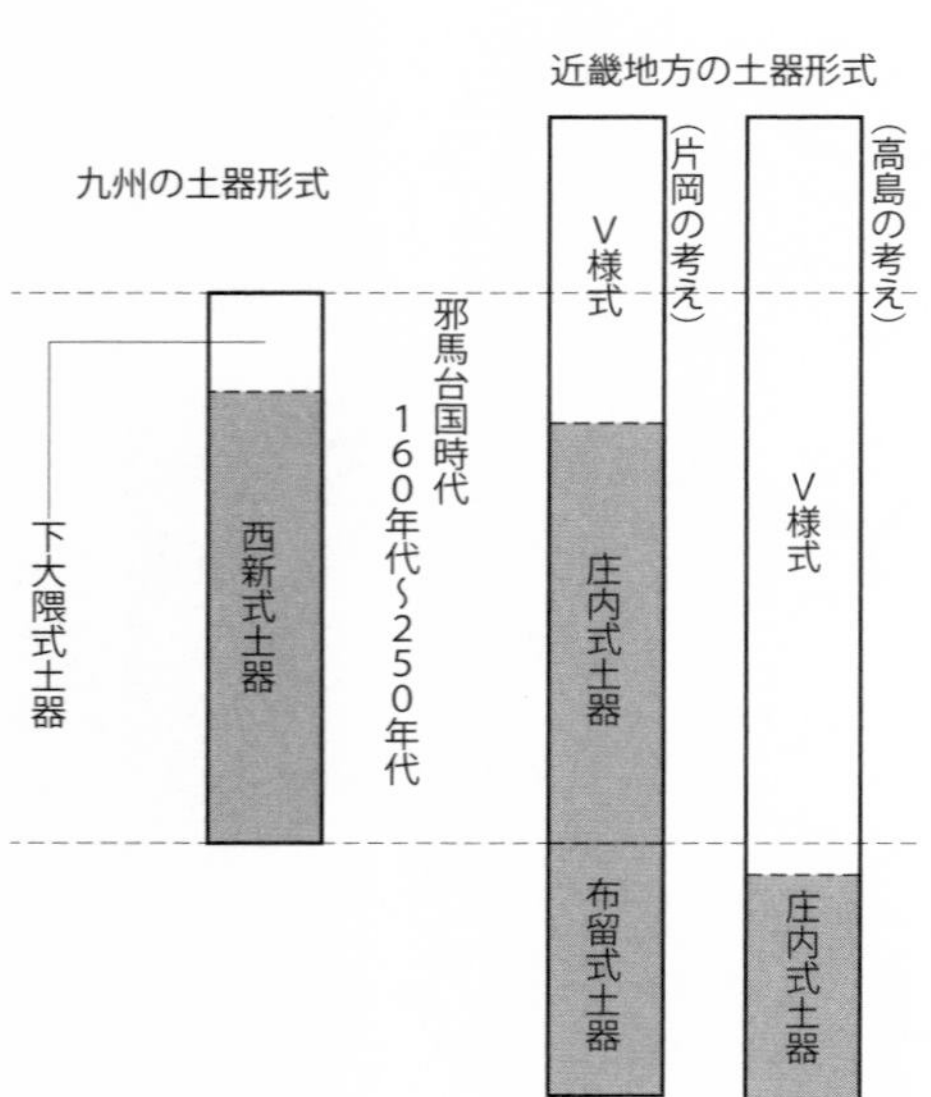

図３　西新式土器と庄内式土器の時間的関係についての考え方

津古東台遺跡）のをみてきているので、ここは自分の考えに基づいて、西新式土器は、ほぼ庄内式土器に平行するという考えで論を進めたい【図3】。

九州の土器年代観と邪馬台国時代についてのまとめを行いたいと思う。

図をもとに説明することにしよう。

筆者は、弥生時代後期が紀元前後～三〇年に始まると考えている。これは、弥生時代中期後半の甕棺墓（例三雲南小路遺跡一・二号甕棺）には漢鏡3期（紀元前一世紀前半）に作られた鏡が副葬されていること、弥生時代後期前半の甕棺墓（例桜馬場遺跡）には漢鏡4期（紀元前一世紀後半～一世紀初頭）に作られた鏡が副葬されていることなどから、弥生時代中期と後期の境が紀元前後～三〇年にあると推測した。

倭奴国王が、光武帝から金印を授かる五七年を筆者は、弥生時代後期初頭と考えている。その五十年後の一〇七年に倭国王帥升が後漢安帝に朝貢した記録が残る。これは弥生時代後期前半の高三潴式土器段階の終わりから下大隈式土器の初めにあたると考えている。

そして、『後漢書』東夷伝にあるように桓・霊の間に「倭国乱」とある。繰り返すが、この倭国が乱れることがきっかけで卑弥呼が共立されるのであるから、倭国の乱は、邪馬台国時代の一部であり、その始まりである。筆者は、今までその乱が生じた時代は、桓帝・霊帝の治世の間、すなわち一四六年―一八九年のいつかであると考えてきたが、そうではなくて、桓帝・霊帝の交代期を挟む時期という見方をした方が良いように思い直している。桓帝の廃位と霊帝の即位の西暦一六八年前後であるので、倭国乱＝邪馬台国時代の始まりはその頃、西暦一六〇年代頃と考えられる。
その時期を筆者は、弥生時代後期中頃という呼び方をしている。

倭の大乱と環濠

北部九州で環濠集落が出現し、充実の頂点を迎えるのは、まさにその時代である。各集落が内乱に備えて環濠を築造したという解釈でよいのではないだろうか。

一例として、吉野ケ里遺跡の環濠の掘削時期と存続時期を示しておこう【図4】。吉野ケ里遺跡を囲む外環濠が掘削され完成された時期は、「弥生時代後期前半」とされ、さらにその内側に長方形区画と呼ばれる長方形の内環濠が掘削されるのは「弥生時代後期後半」（筆者の言う「後期中頃」）である。「弥生時代終末」になると外環濠も長方形区画も掘りなおされて整備される。(註2)（吉野ヶ里遺跡は後期全体を前半の高三潴式・後半の下大隈式・終末の西新式と表現しているので、この本で述べている後期の呼び方とは若干違っている【図5】）。

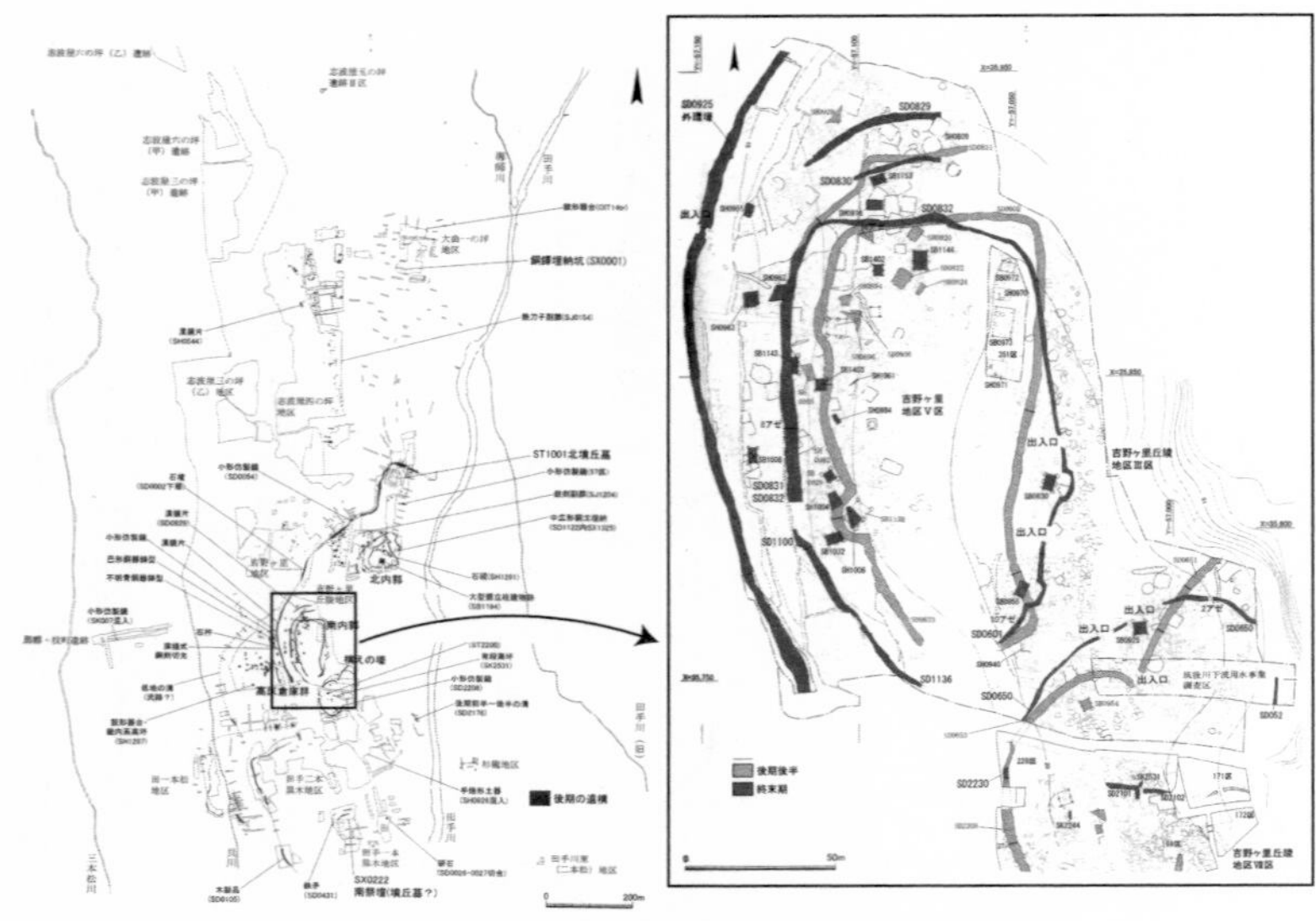

図４　吉野ヶ里遺跡の環濠が機能した時期
（濃いアミが「後期前半新段階」薄いアミが「後期後半段階」）

この内側の環濠が埋まる時期が、弥生時代後期終末でその直後に前方後方墳が築造されるが、高島は、この前方後方墳の時期を庄内式土器段階ととらえるので、先に示した図３のように、弥生時代後期終末と庄内式土器の境を三世紀中ごろから後半にするのである。年代観はさておき、吉野ケ里遺跡の二重の環濠が掘削される時期は、『魏志』倭人伝によるところの「倭国乱」が起きる時期にあたると考える。

そしてその乱れを収束させるために、諸国が卑弥呼を女王として共立する。その年代が一八〇～九〇年と考えられる。筆者はその頃に西新式土器の始まりを考えている。おそらくその西新式土器と時期的に被るものが、近畿地方では庄内式土器の時期である。

邪馬台国時代は、正始八年（二四七）頃に

卑弥呼の死があり、それによってもたらされた男王の一時的支配を経て、もう一度、卑弥呼と同じように歳十三の年若い臺与が共立されて安定したとある。

臺与が受け継いだ邪馬台国がどのくらい続いたのかわからない。ただ、先に述べたように『日本書紀』の引くところの『晋起居注』では、泰始二年（二六六年）には、倭の女王が朝貢したとあるからこれが臺与だったという可能性もある。これについて、筆者は、朝貢した者が臺与だとしても、この時期はすでに古墳時代に入っているので、『魏志』倭人伝に記載された臺与の共立直後までを邪馬台国時代ととらえる方が良いと考えている。したがってその年代は、西暦二五〇年代くらいと考える。

絶対年代	筆者の呼び名	吉野ヶ里遺跡の呼び名	橋口の甕棺型式	遺跡／遺構
			KⅣa	
AD30	初頭	（甕棺のみ三津式）		
AD60		後期前半（高三潴式）	KⅣb	
AD90	後期前半（高三潴式）		KⅣc	
AD120			KⅤa	●吉野ヶ里外環濠
AD150	後期中頃（下大隈式）	後期後半（下大隈式）	KⅤb	●吉野ヶ里内環濠
AD180			KⅤc	
AD210	後期後半・末（西新式）	後期終末（西新式）	KⅤd	
AD240			KⅤe	
			KⅤf	

図５　吉野ヶ里遺跡での年代区分と本書の年代区分との対比

卑弥呼が没した正始八年頃が、実質邪馬台国社会の繁栄の終わりになったのではないかと思う。その頃に北部九州は、最初にトヨの地域が、そして少し遅れてツクシがヤマト王権の影響下に入っていく。九州にある纏向型前方後円墳は、纏向遺跡が繁栄した庄内式土器の時代だといわれるかもしれないが、筆者は、纏向型前方後円墳とされる津古生掛古墳などを調査していて、この纒向型前方後円墳も合わせて、九州の古墳出現は、古墳時代初頭の布留0式土器という認識を持っているので、寺沢が上げた九州の纒向型前方後円墳を布留0式よりも古い段階に上げるのには躊躇する。そして、豊前苅田石塚山古墳のような定型化した前方後円墳が、布留1式土器段階に出現して、九州は完全に新しい体制・文化、すなわち古墳時代に入る。

第三節　九州の土器

西新式土器とは何か

その邪馬台国時代の九州の土器は、いろいろな呼び方がされるが、筆者は、下大隈式土器の後半から西新式土器にかけての段階とみている。それでは、その土器はどのような土器であろうか。今までの九州説に基づく九州の邪馬台国時代の土器がどのようなものかということを、研究の歴史に触れることにより、ご理解いただくようにしたい。

こんにちの弥生時代後期土器がどのようなものか、それを最初に述べたのは、戦前（第二次世界大戦前）の森本六爾（ろくじ）にさかのぼる。森本は、弥生時代を農耕文化、金石併用文化の時代と位置付けた最初の人物として有名であるが、同時にその時代の土器である弥生式土器を「遠賀川式」「須玖式」「東郷（とうごう）

式」に三区分した。[註3] それは今の前期・中期・後期に相当する。

続いて森本と共同作業によって、全国の弥生式土器編年の基礎を作った小林行雄は、高三潴（遺跡）出土の土器を北九州の第3様式と呼び、森本が提唱した今までの「東郷式」を第4様式として、両者を弥生時代後期に位置づけ、更に第4様式については、将来的に土師器になるものもあるとした。[註4] 続いて杉原荘介は、後期土器を「伊佐座（いさざ）式」・「水巻町（みずまきちょう）式」とした。[註5] ここまでが戦前に発表されたものである。

杉原は、戦後になって「水巻町式」に続くものとして「雑餉隈（ざっしょのくま）式」を加え、後期を三期に細分した。[註6] 後期を三区分する考えは同時期に発表された森貞次郎の研究も同じであるが、森は後期を「第7式」「第8式」「第9式」とし、[註7] その三期の分類は、一九六六年の論文で「高三潴式」「下大隈式」「西新式」という形式名が付けられた。[註8] この土器研究は、今日の後期土器編年の基礎をなしていて、研究史上欠かすことのできない業績となっている。森が述べた、「高三潴式」は後期前半、「下

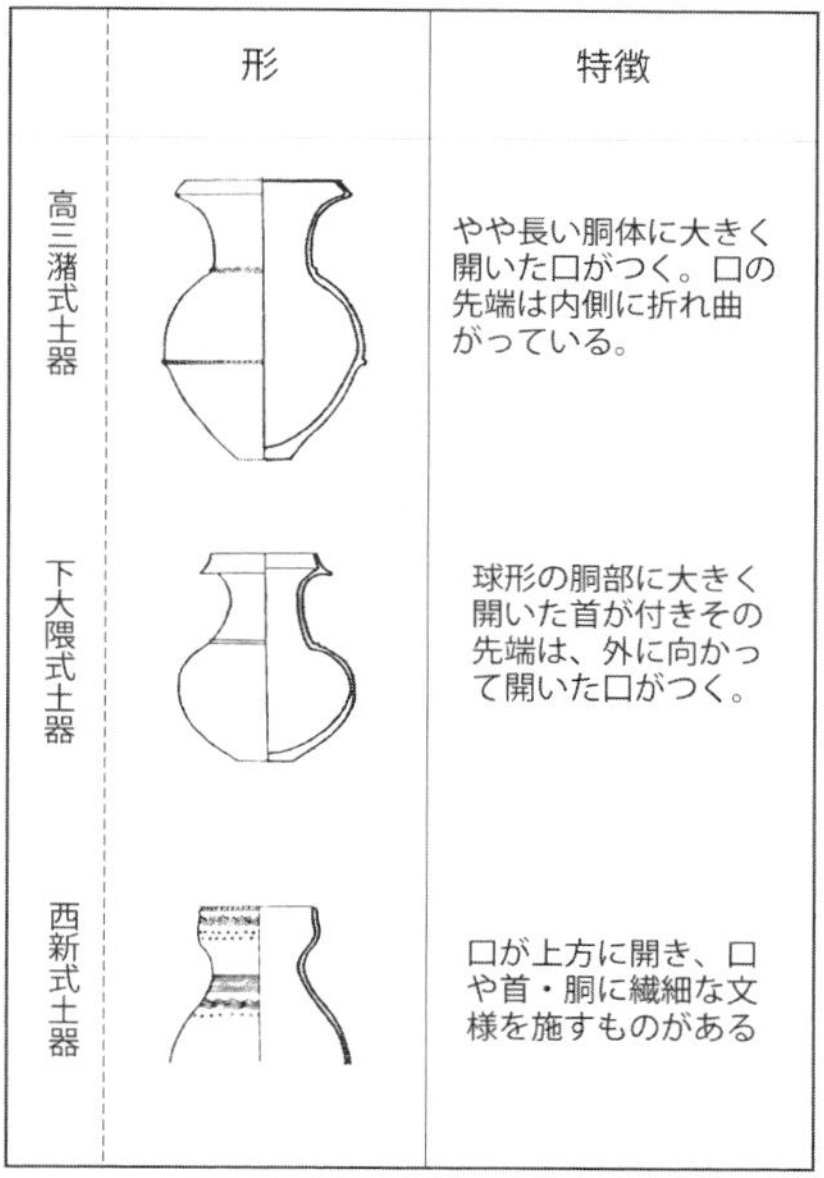

	形	特徴
高三潴式土器		やや長い胴体に大きく開いた口がつく。口の先端は内側に折れ曲がっている。
下大隈式土器		球形の胴部に大きく開いた首が付きその先端は、外に向かって開いた口がつく。
西新式土器		口が上方に開き、口や首・胴に繊細な文様を施すものがある

図６　弥生時代後期土器（壺）の３段階
（註８より作図）

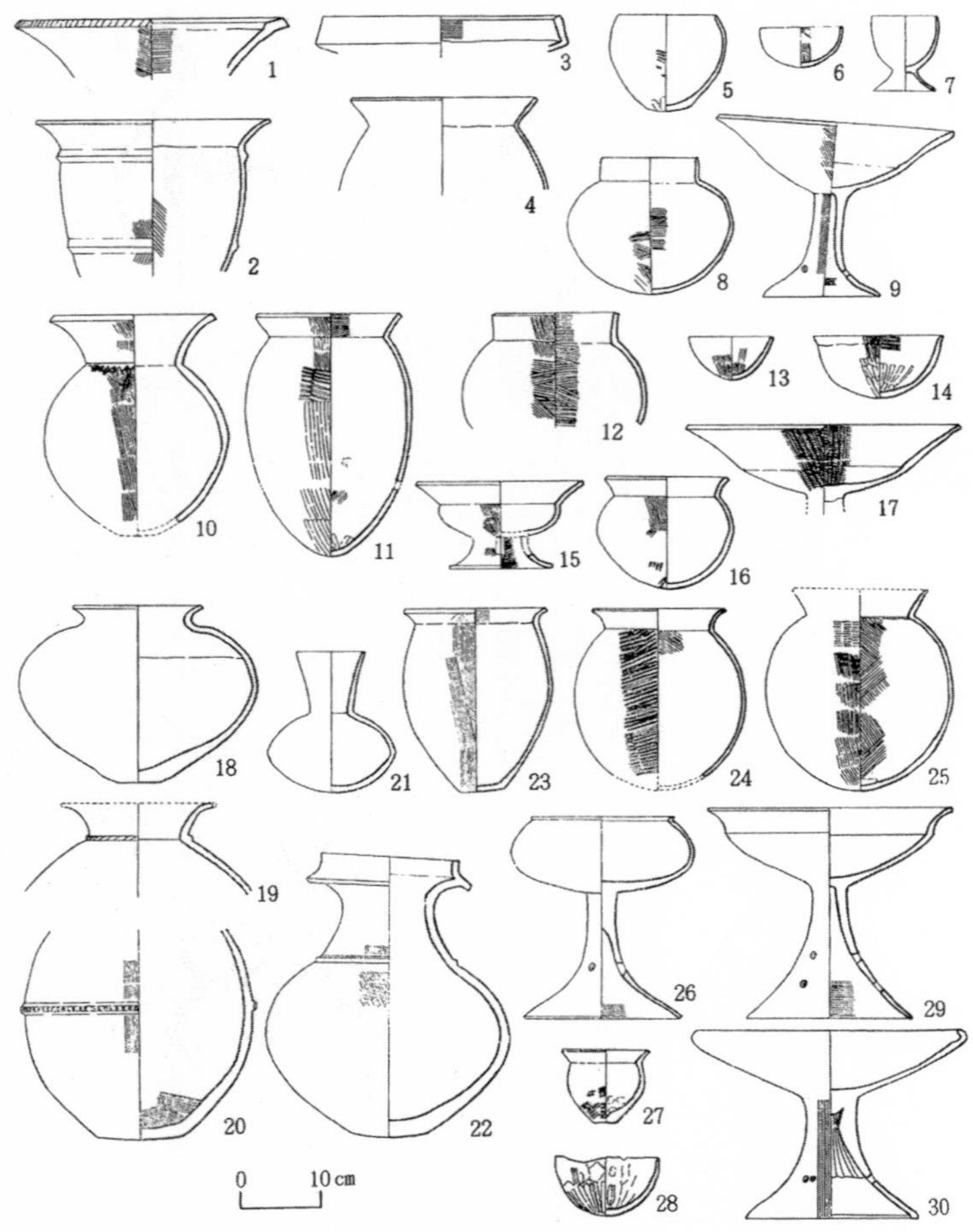

図７　西新式土器セット（註９より）
（1～9：福岡市宮の前遺跡（Ⅰ式）、10～17：筑後市狐塚遺跡（Ⅱ式）、18～30：北九州市高島遺跡）

大隈式」は後期中頃あるいは後半、「西新式」は後期後半あるいは終末というように、研究者により呼び方は異なるが、そうした三段階区分が一般的に認識されるようになった。こうして今、邪馬台国時代の土器として問題にしている、「西新式」の名称が定着することになる【図6】。

ところで西新式土器という土器は、どういう特徴をもった土器なのか。小田富士雄によってまとめられた図で説明する(註9)【図7】。甕は口の断面形がく字形に折れ、胴体は細長い卵型で、表面は洗いハケ目やタタキを残していて、底は丸底である（図7の11）。壺は口の外側にもう一つの口がつく二重口縁になっていて、櫛描文様などの装飾がつけられる（図7の22）。高杯は皿の部分が外側に大きく屈曲し、脚も広がって踏んばっている（図7の9）。

この西新式土器が弥生時代の終わりの土器と設定された後、急激に増加した遺跡調査によって、次々に資料が蓄積されて、西新式土器を細かく分け、地域的な特徴を明らかにする作業が進められてきた。今日では、地域ごと、遺跡ごとに細かく分けられてしまい、かなり難解な土器研究になっている。

西新式土器の年代

その西新式土器の年代について述べておこう。

筆者は、弥生時代後期の始まりは、前に述べたように、およそ紀元後〇～三〇年と考えている。そして、九州の邪馬台国時代の終わりが西暦二五〇年頃とすると、ごく単純にそれを三等分して、各型式八十年間くらい、西新式土器年代は、西暦一八〇年頃から西暦二五〇年頃となる。もちろん、この

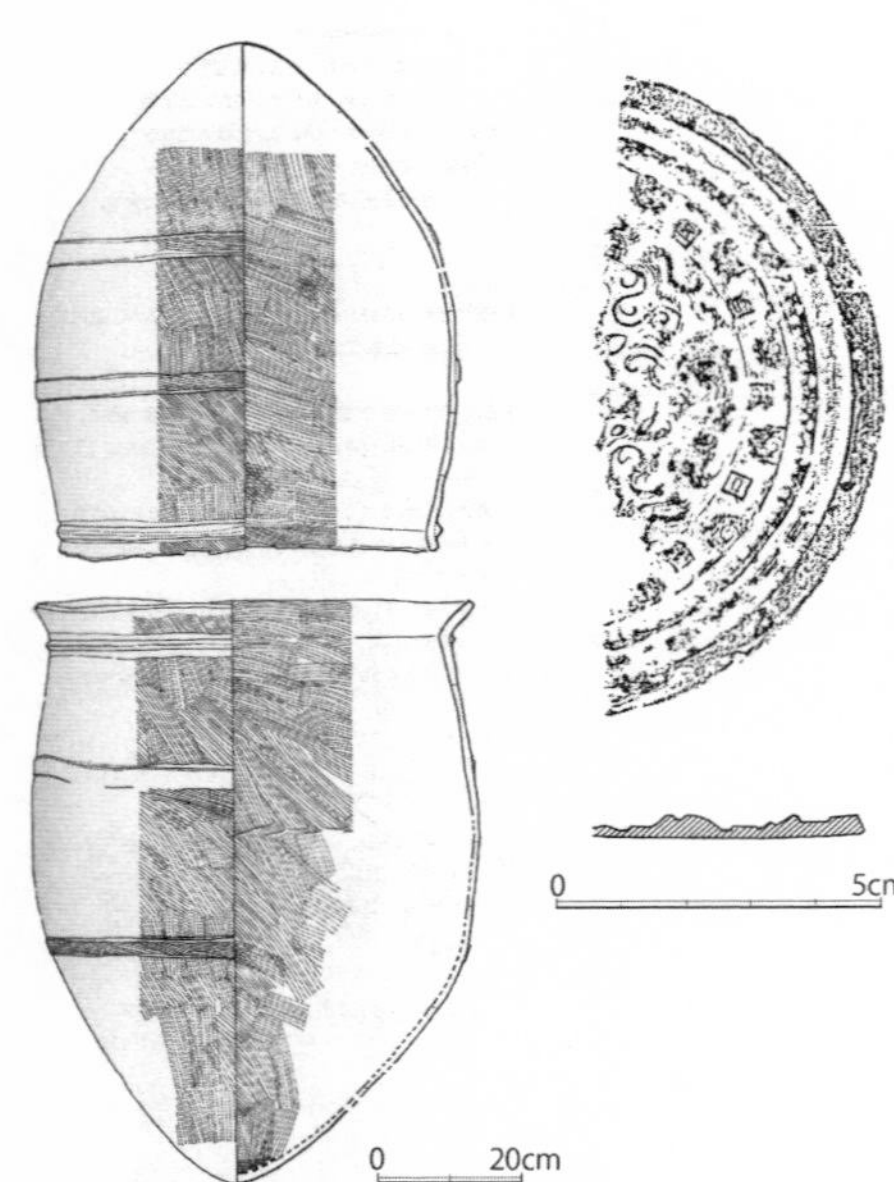

図８　弥生時代と古墳時代の境に位置する祇園山遺跡甕棺と甕棺に副葬された画文帯神獣鏡（註11より）

ように単純に年代を割り振ることはできないが、一つの目安としてみておいてほしい。

日常容器よりも甕棺の方が、絶対年代を割り出すのに有効である。というのは、甕棺の中には年代を推定できる資料が副葬品として多く副葬されているからである。甕棺年代を考察した橋口達也は、後期の甕棺を「ＫⅤ」式として、それを段階的にａ～ｆの六段階に分け、「ＫⅤｃ」式から「ＫⅤｆ」式を西新式土器と並行するとした【図5】。「ＫⅤｃ」式の始まりを甕棺から出土する遺物により、西暦一五〇年頃としている。そしてその終わりであるが、甕棺最後の形式である「ＫⅤｆ」式である祇園山遺跡出土一号甕棺は、内部に漢鏡７期（後漢時代末）の画文帯神獣鏡を副葬することから「土師器とすれば弥生の終末をほぼ三世紀中ごろに比定できよう。[註10]」としている【図8】。筆者もこの終末の年代観に賛成する。そして、この年代は、まさしく邪馬台国時代の終わりに相当するものである。

土器の絶対年代を決めるのは、ＡＭＳ年代測定などによる科学的な年代測定方法と従来からの製作年代がわかる中国製品、特に鏡の出土した遺跡の土器による年代決定とである。

今のところ西新式土器そのものがＡＭＳ年代測定にかけられたという話は聞いたことがない。西新式土器と平行すると考えられる庄内式土器の年代を測定した結果はいくつか紹介されている。

藤尾慎一郎によれば、Ｃ14年代測定（加速器質量分析（ＡＭＳ法）によると、日本では一世紀終末から二世紀にかけて炭素14濃度が薄くなるため、結果的に数十年程度、実際よりも古く測定されることを指摘し、庄内式土器段階から箸墓古墳が成立する布留１式土器段階が三世紀中ごろに補正されるとしている。(註12)

この時代は、Ｃ14年代測定法を行う立場からも「日本では文書による記録が生まれつつあり、考古学で取り扱う年代精度が非常に高くなること」を重視する発言もあり、Ｃ14年代測定法と考古資料による年代測定の高精度化が求められている段階である。(註13)

西新式土器と庄内式土器の関係

西新式土器は、福岡平野を中心に調査が進み、その編年研究が進められた。近年は、それ以外の北部九州の諸地域でも良好な資料が出土している。

筑紫平野でその先駆けを成したのは、小田富士雄の研究である。一九七〇年、筑後市狐塚遺跡出土土器が整理され、弥生時代後期終末から古墳時代初頭の編年が論じられた。(註14)狐塚遺跡の竪穴住居跡から出土した土器は、Ⅰ・Ⅱ・Ⅲ期に分けられ、Ⅰ・Ⅱ期が弥生時代終末に、Ⅲ期が最古期の土師器に設定された。

福岡平野では、西新式土器という在地系土器（地元で伝統的に作られてきた土器）が主流を占めながらも、それに外来系の般入土器（他所の地域で作られた土器やその製法をまねて作った土器）が絡んでくる状況が明らかになっていった。

そうした中、福岡市西新町遺跡、春日市柏田遺跡、糸島市三雲遺跡、福津市今川遺跡などの玄界灘沿岸部の遺跡を中心に庄内式甕をはじめとする近畿地方の土器が持ち込まれた遺跡が認められるようになってきた。

そこで、西新式土器のように、庄内式土器段階に併行する土器を古墳時代の土器、すなわち土師器とする意見も出てきた。いち早くそれを表明した柳田康雄は、三雲遺跡の例を挙げて住居跡から出土した庄内式甕、山陰系甕を含む一括資料を古式土師器の最古の段階（Ⅰa期）にあてた。従来弥生式土器の範疇に含めて考えられていた段階（例えば武末純一が設定した「宮の前Ⅰ式」をはじめ、常松幹雄が設定した「西新町Ⅱ式」）を土師器とする考えを示した。そして「西新式」の名称に「古式土師器が搬入された後の在地系土器をこれにあてる」とした。(註15)

整理して述べると、西新式土器が庄内式土器と並行する関係を重視してそれを古墳時代（土師器）と考える研究者と、在地的要素を強く残す点を重視して弥生時代の土器の範疇に残す研究者がいるということである。

そうすると、遺跡から出土する一つの土器が所属する時代をめぐって、研究者によってその時期を

起きたできごと	絶対年代		筑紫平野の土器型式	纏向遺跡の土器形式	北部九州の文化事象	時代・時期	
倭の奴国王が、後漢光武帝に朝貢し、金印を賜与される。	建武中元２（57）		高三潴式土器	近畿V様式土器		弥生時代	後期前半
倭国王師升等朝貢し、生口 160 人を献上。	永初１（107）		下大隈式土器		環濠集落の築造が始まる		後期中葉
倭国乱がおきる	（160 年代頃）	邪馬台国時代					
この頃卑弥呼が共立され王となり、乱がおさまる	（180 年代頃）		西新式土器	庄内式土器			後半・終末
卑弥呼が難升米らを帯方郡に派遣し、難升米らそのまま魏の都洛陽に至る。 卑弥呼は魏の明帝から親魏倭王の称号と金印を賜与される。	景初３（239）						
邪馬台国と狗奴国と戦いが深刻化。卑弥呼、戦争状況を魏・少帝に報告。魏は張政を派遣し、檄文を以って告喩。 卑弥呼の死。	正始８（247）						
男王が立つが、諸国服さず。 宗女臺与が共立され乱が収まる。					青銅器を使った祭祀の終焉		
			布留０式土器	布留０式土器	纏向型前方後円墳の築造	古墳時代	前期
			布留１式土器	布留１式土器	定型化した前方後円墳の築造		

図９　邪馬台国時代の事件と土器形式対照表

弥生時代ととらえるか古墳時代ととらえるかという問題が出てくる。必然的に三世紀前半期を語る研究者が、その歴史観の違いに基づいて弥生時代終末期と述べたり、古墳時代初頭と述べたりしてしまう。そこで、読者の中に混乱が生じてしまう。

筆者は、この西新式土器段階を、近畿地方の庄内式土器を含んでいながら、在地土器が圧倒的主体を占め、北部九州、特に筑紫平野でいまだに武器型青銅器を使った祭祀が行われていることから、弥生時代という立場をとっている【図9】。

その西新式土器は、北部九州でも、近畿地方の布留式土器が広まっていく初めの段階まで、使い続けられるが、急激にその姿を消していく。わずかにその系譜の土器は残るものの基本的には庄内式土器段階で終わるものと考えるのである。その背景には、布留式土器段階（西暦二五〇年代以後）に入ってからのヤマト王権の北部九州支配の開始がある。

倭国大乱のあった西暦一五〇～六〇年以前の土器は、下大隈式土器の後半段階である。筆者は、自分の土器編年では、弥生時代後期中葉と呼んでいる。次に卑弥呼が即位した西暦一八〇年代から臺与が共立された西暦二五〇年代までは、西新式土器段階であり、かつ近畿地方では庄内式土器段階と考えられている。そして次に近畿地方では、布留式土器の一番古い段階の布留0式土器が成立し、定型化した最初の前方後円墳である箸墓古墳が出現する。

第三章　中国がみた「倭」

第一節　前漢との交渉のはじまり

「倭」から始めた交渉

この章では、筆者が主張したいことの一つである倭の二元国家論について述べることにする。日本のことを指す「倭」という文字が初めて認められるのは、前漢（紀元前二〇六年～八年）の時代である。

前漢の正史である『漢書』の地理志以前にも「倭」の字が出てくるが、それでも明らかに日本列島の一部を指していることがわかる「倭」が現れるのは、その『漢書』地理志である。そこには次のような文章が書かれている。

「夫、楽浪海中有倭人、分爲百餘國、以歳時、来献見云」
（夫れ楽浪海中に倭人有り。分れて百余国と為る。歳時を以って来り献見すと云ふ。）

今日に繋がる、私たち日本民族の存在は、かつて「倭」という地域名、そして、そこに住む人を指す「倭人」という種族名によって、初めて歴史の中に登場するのである。いわば日本に対して、初めて世界史的意義が与えられたものが「倭」である。その時期は、前漢時代であったと考えられる。そ

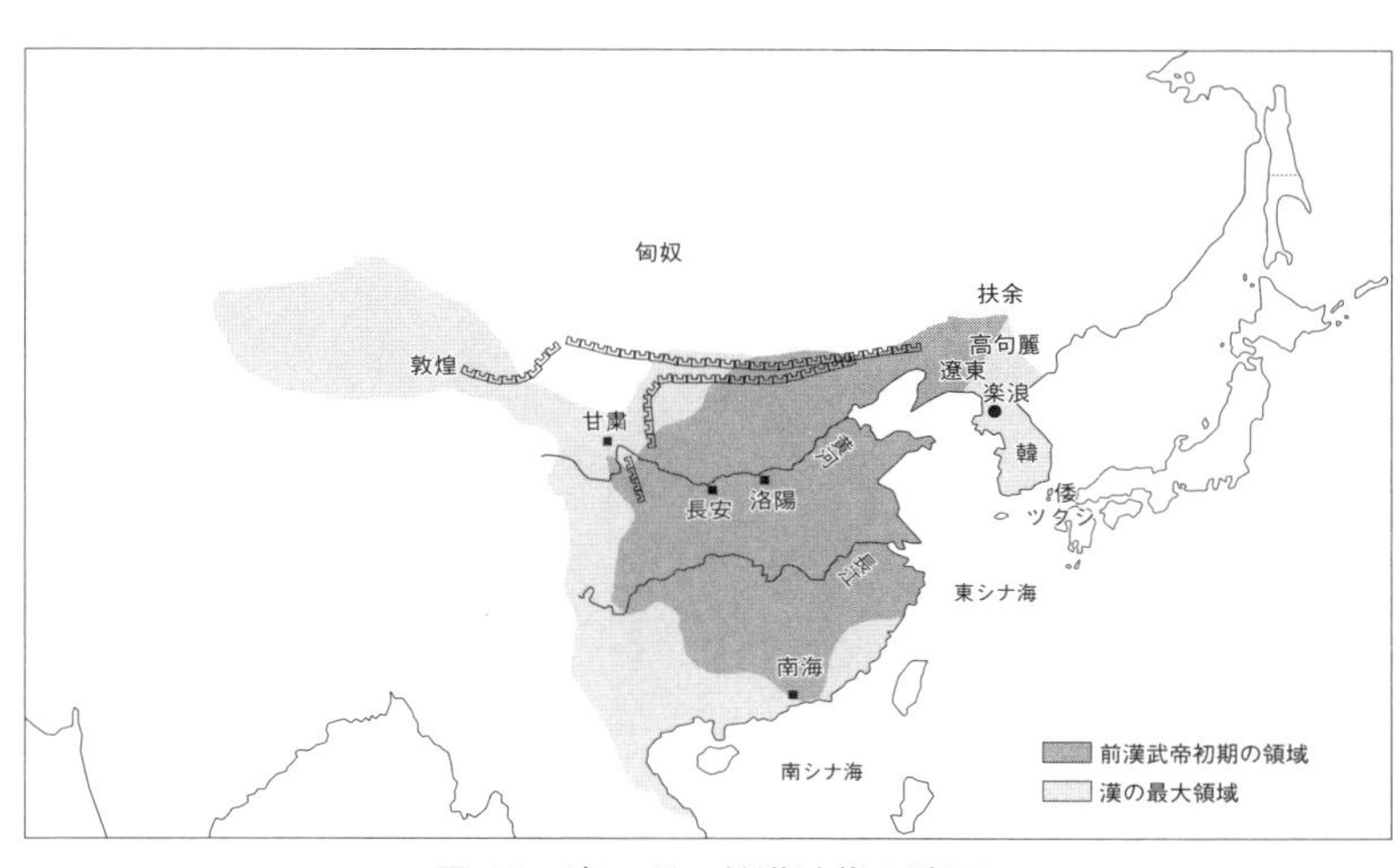

図10　東アジア前漢時代の地図

の頃の「倭」は『漢書』地理志にあるとおり「分爲百餘國（分れて百余国と為る）」という状況であった。その「國」と言うのは、近代的な国とは違う部族単位の小さな集合体を一つの「國」と称していたのである。その集合体のうちのいくつかは、朝鮮半島にあった中国の出先機関である楽浪郡に出向いていく【図10】。

中国が東夷の国々に出向いたり、呼び寄せたのではなく、あくまでも「倭」の方が定期的に朝貢に出向いて、中国に接触を求めたのである。このことは、重要なことだと思える。この時の状態を『漢書』地理志では、「以歳時、来献見云」（歳時を以って来り献見すという）と書いている。

文章の最後に「云」とあるので、直接漢の都に来たのではなく、出先に来たという報告が伝えられたのであろう。こうして「倭」は中国に認知され、歴史の舞台に初めて登場する。

それでは、なぜ「倭人」は、日本海峡を渡り、朝鮮半島の西岸を北上して、遠路はるばる中国の機関である楽浪郡に出向いたのであろうか。まず、この交渉によって「倭人」にどのような利益があったのかを考えてみることにしよう。

当然、中国の先進的な技術は、「倭」にとって魅力あるものであったに違いない。それは、まず、実際に眼でみて、手に触れることができるモノであったと思われる。モノには、金属器や織物などがあった。そうした実用利器は、自分たちの生活を便利で豊かにするアイテムとして受け入れられたであろう。しかし、それをいつでも簡単に手に入れることが容易でないことは想像がつく。そうすると次に、それらを自分で生産する技術を受け入れたいと考えるようになったはずである。モノも手に入れたい、技術も取得したいとなると、やはり倭人は、相手がそれをもたらしてくれるのを待つのではなく、それを手に入れるために自ら出ていかなければならない。

そこで、倭人は前漢の時代であれば、中国の支配地である楽浪にまで出向くのであるが、そこで目にするものは、先進的なモノや技術ばかりではなかった。モノを作る社会の仕組みに触れることになる。モノを手に入れ、モノを作る技術を学び、時には、モノを作る人も連れ帰るということがあったかもしれない。なぜ、倭人が海を越えて、朝鮮半島や大陸に渡らなければならなかったのか、大きく言えば先進的な社会そのものを獲得したかったからだと思われる。北部九州地域の首長たちは、中国との接触によって得られるモノ・技術・仕組みを会得することによって、彼らの権威と富を高めることができた。

倭人が向かう先は楽浪郡である。楽浪郡は、この前漢時代に武帝によって設置された。それは、朝鮮半島の平壌付近にあたるとする説が有力である。倭が楽浪郡まで出向いた時期は、紀元前一世紀（弥生時代中期後半）の時期である。

倭に関して不確かな情報ではあるが、それ以前の書にも倭について書かれたものがある。

『山海経』に

「蓋国は鉅燕の南、倭の北に在り、倭は燕に属す」

とある。燕は中国東北部に当たりその南に「蓋」があり、さらにその南に倭があることになる。

さらに一世紀に王充（二七～九〇）の書いた『論衡』には、

「周の時は天下太平、越裳白雉を献じ、倭人は鬯草（ちょうそう、ウコンか？）を貢す」（「儒増篇」）

「武王紂を伐ち、庸・蜀の夷、佐けて牧野に戦う。成王のとき、越常（裳）雉を献じ、倭人暢（鬯）を貢す」（恢国篇）

などと倭に関する記述がある。前の文章は、紀元前十世紀ころの周時代のことを書いたもので、日本では縄文時代に当たる。したがって、もちろん、記述内容の信憑性は低いが、いつのころからか、漠然として、倭という地域が存在していることが垣間見える。ここで重要なのが、「倭」という地域、そしてそこに住む人に「倭人」という概念がすでに出来上がって、使用されていることである。

最初のころは、中国で認識されていた「倭」という地域は、東方の漠然とした場所であり、そこに住む人たちであったのであろう。しかし、時代を経るにつれ、中国でも「倭」の実態がわかってきたと思われる。それでは、歴史上、明らかになってきたころの「倭」とはいったいどこだったのだろう。次はこの問題を考えてみよう。

前漢時代の「倭」の地域

「倭」とは、日本人が決めた領域ではなく、中国が認識した場所である。

津田左右吉は次のように書いている。

「後漢書の記事が奴の国王の最初の朝貢を示すものであるかどうかはや、不明であるが、よしそれが最初のものであるとしても、もつと前からツクシ地方の土豪が当時朝鮮半島の西北部（中略）を管治していた漢の楽浪郡と交通をしていたことは、推測しなければならぬ。漢の都まで使節を遣わすにはそれよりも前に可なりの親みを楽浪郡に有つていた、と考えるのが自然だからである。前に引いた漢書地理志の記事はすなわちそれを証するものである。もっともこの記事は前漢末のことをいつたのかもしれず、従つて同じ漢代でもそれより前の有様は不明であるが、よほど控えめに解釈するにしても、前漢時代（202B.C.－7A.D.）の末近き頃から、ツクシ人がぼつぼつ楽浪に交通しはじめたと考えるに差支はなかろう。[註1]」（一部現代仮名遣いに改めた）

そして津田は、前漢あるいはその後の後漢がみていた「倭」とは、ツクシの諸小国であったと考えた。筆者も津田の意見に全面的に賛成である。

こうしてみると、倭というところ（地域）があるということが、中国にうすうすわかってきたのは、紀元前二世紀ころのことで、倭人が正式に中国の出先がある楽浪に出向いた紀元前一世紀頃に始めて、海の向こうに小さな部族的国家が集まった倭という地域があることを認識したのであろう。

九州に近畿とは別の勢力があったということを最初に考えたのは本居宣長である。江戸時代十八世紀後半、本居宣長は、天明四年（一七八四）『國号論』の中で、「倭」について次のように考えた。

倭とは「倭國之極南界」にあって、その地域の人間がその地域の国を「倭」と言ったのが、「日本国の元の蕃（えびす）の大號（おおな）」と間違えられて呼ばれるようになっただけのことであるとした。

さらに本居はこう考えた。「倭」とはもともと中国がつけた名であって、現在の日本の南方の一部地域で自分たちを「我（わ）」と呼んでいたものから「倭」とつけたものだとしている。

このように「倭」とは、もともと九州の一部の呼び名であったと考えたのは、津田も本居も同じである。

津田は、「大倭豊秋津島（おおやまととよあきつしま）」という語の中に「倭」が出てくるように、倭を国の名として使うことは、古くからの因習だったとする。「倭」は本来、中国人が、ツクシ地方の住民を呼ぶために用いた文字であって、晋のはじめ（三世紀）まで、その意味で使われていたが、百済人もその領土に加えた帯方郡の中国人から、この倭人に関する知識を承け継いで、それを踏襲し、当時ヤマトによって統一された日本の国民全体に対する呼称とした、と述べている。そして、倭もヤマト王権の代表者も同じ言語を使い、同じ風貌をしていることから、この国を「倭」と呼ぶことに何ら疑いを持たなかったと述べている。

そのツクシ地方の少なくとも北部が、ヤマト王権の国家組織に編入されたのは、邪馬台国が魏に朝貢していた時と、百済が日本と交渉を始めた時期の間にあたり、そういう事情は、百済人も中国人も知らなかったであろうから、倭をヤマト朝廷のツクシ制圧後のものと考えて、百済から漢字の知識として日本を「倭」と呼ぶ知識を与えられた日本では、日本にあてた文字を最初から「倭」と使ったと述べている。

ここでは、先学の説を紹介することしかできず、筆者にはそれを批判する能力はない。しかし、考古学的にみて、「倭」が漢と交渉を始めたころの日本は、なんといっても、北部九州に大陸由来の物が集中していること、古墳時代に入ると近畿ヤマトが中心になることをみると、この両説は間違いないものに思える。

「倭」の語源

「東夷天性柔順、異於三方之外、故孔子悼道不行、設桴於海、欲居九夷、有以也」

この文章は、次のような意味である。中国からみて東側にあたる周辺地域である「東夷」は、そこに住む人々の性格が「柔順」すなわち、素直でおとなしく、北狄(ほくてき)・西戎(せいじゅう)・南蛮(なんばん)などの中国を囲む残りの北・南・西、三方の人々とは異なっている。孔子は礼節が守れていないことを悼(いた)んで、海にいかだを浮かべて東夷(とうい)に行こうと思った。これはもっともなことである（あるいはついてくるのは孔子の弟子か、と言う解釈もある）というような意味である。

この文章が重要なのは、そのすぐ後に、「楽浪海中有倭人」と続くからである。『漢書』地理志は、「楽浪海中有倭人」と、いきなり、倭人が楽浪の外の海の中にいるというように倭のことを書き始めたのではない。そこに住む人々の性格が「柔順」であるということを、その前に書いている。これは、「倭」を導き出すためである。当時の中国人が、東夷をどのようにみていたのかということを知るうえで軽視できない。

『漢書』地理志を著した班固（はんこ）は、倭の字の意味を、「順なる貌」とした。これは、直前で述べたように「楽浪海中有倭人」の直前に「東夷天性柔順」という文章があって、それに続いて「倭人」のことが綴られていることから、この文章は一連のものであって、「倭」に柔順という意味を持たせたと班固は考えたのであろう。

もともと「倭」の字は、米を表す「禾」の下で卑しいものを示す「女」が働いている姿に「人偏」を付けたものとされている。良い意味を示す漢字ではないので、中華思想の中で東夷の小国を蔑（さげす）んだ字を当てるという点では、多くの人が共通する見方をしているところである。

一方、人類学・解剖学・考古学・民族学・言語学と幅広い知識を有した金関丈夫は、「倭」について少し違う解釈をした。金関によれば、前漢までは、「倭」の字が確実に認められるものはなく、最初に地名として「倭」が出てくるのは、先に述べたとおり、『漢書』地理志よりも古く書かれた『山海経』の「蓋国在鉅燕南倭北倭属燕」（蓋国は鉅燕の南に倭の北に在り、倭は燕に属す）である。この『山海経』の書かれた時期ははっきりしないが、金関は、『淮南子（えなんじ）』地形訓との文章の類似から、『淮南子』の著者である劉安（りゅうあん）の没年を上限に、武帝が興した朝鮮楽浪の地名が記されていないことから、これを下限にして、秦と前漢武帝までの間、すなわち劉安没年〜楽浪郡成立の間（紀元前一二二年〜一〇八年）と推定している。

この「倭」の音が、『山海経』に書かれる「水居偎人（わい）」の「偎」に通じるものと考え、「この種族は「北海の漁労者であり」、「秦・漢にとっては、異属の名称がこれに対して必要になる。すなわち『倭』はこうした必要性から作られた名称であり、その字は新しく作られた字であった。」としている。[註2]

ただし金関は、この「倭」を当初から日本本土に考えているのではなく、中国からみて、東海の「地の水居、捕魚の族」であって、彼らは南に移り日本本土の倭の地に至ったと考えた。

水野祐は、「倭」には、「はるか遠き貌」であるとか、あるいはめぐりめぐって至るという意味があるので、中国からはるか遠い東夷の世界の遠隔の地を「倭」と呼んだと考えた。『詩経』にも「周道倭遅」（周への道は曲がりくねり遠い）という文言がある。[註3]

このように「倭」一字の語源にしても、いろいろな解釈があるが、最初に戻って、本居がまず自分たちのことを「ワ」というように発音したものを、中国が「倭」という漢字に当てたという説が最も妥当なように思えるが、そう言い切る根拠もない。

楽浪郡設置以前の倭の交渉

前漢時代の大陸からのモノ・技術・仕組みの輸入を考える際に、楽浪郡の設置された紀元前一〇八年は、倭の外交にとって画期であった。楽浪郡に朝貢したことが、倭の正式な外交の始まりである。それ以前にも、正式とは言えないが、倭が大陸、特に朝鮮半島からその文化の影響を受けていたことが、考古学的調査によって明らかになっている。モノを手に入れ、それからモノを作り出す技術を手に入れたところをみていきたい。

まずモノを考えてみよう。

金属器（青銅器・鉄器）をみると、北部九州には、大陸から持ち込まれたと考えられるものがいくつかある。その早い例をあげると、青銅器では福津市今川の今川遺跡出土銅鏃がある。これは紀元前の中国東北部に起源のある遼寧（りょうねい）式銅剣の一部を加工したものと考えられている。出土した遺構の時期は、弥生時代前期初頭である【図11】。鉄製品は、弥生時代前期、熊本県玉名市の斎藤山遺跡出土鉄斧、縄文時代晩期後半、人によっては弥生時代早期とする時期の糸島市二丈石崎の曲り田遺跡出土板状鉄斧が最古のものとされた。しかし、この両方の鉄器の所属時期には疑問も多く出されていて、確実にこの時期に属すという意見の一致をみていない。ここでは参考程度に上げておくことにする。しかし、弥生時代前期前半には曲り田遺跡の遺構から鉄が発掘されていて、すでに、弥生時代初期に倭には鉄がもたらされていることは確実である。

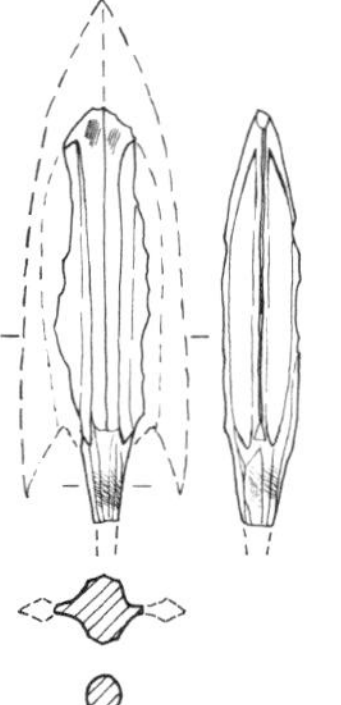
図11　今川遺跡の遼寧式銅剣を加工した銅鏃（1/2）

金属器が入ってくるのは、日本に稲作農耕がもたらされた時期と同時期である。稲作を携えてきた渡来人が、いっしょに持ってきたものと考えるのが妥当であろう。

本州でも大陸産の青銅器の発見例がある。例えば古くから北方ルートでもたらされたのではないかとされる山形県飽海郡遊佐町の三崎山遺跡で一九五四年に発見された、長さ約二十六センチの内反り青銅刀等である【図12】。来歴は明らかではないが、必ずしも日本列島の側にいた住民が欲した物ではないだろう。北部九州の初期の青銅器・鉄器が、稲作文化とともにもたらされているのも同じ理由で、渡来人によってもたらされたと考えてよいのではないだろうか。これらは、広義に言えば対外交渉の結果であろうが、そこに権力と結びついた政治的動機などはみられない。端的に言えば漂着民が持っていたモノという程度のものと思われる。弥生時代前期に搬入されたモノの多くは、このような性格付けができるだろう。

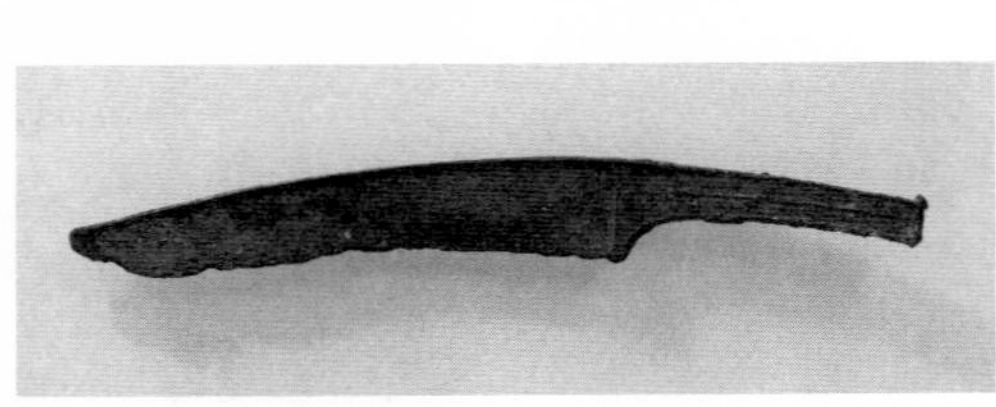

図12　三崎山遺跡出土青銅刀
（出典：ColBase "https://colbase.nich.go.jp"）

ところが、弥生時代中期に入ると、意図してモノを入手するようになる。それだけでなく、そこにモノを作り出す技術が伴う新たな段階に入る。

楽浪郡設置以前に、日本には中国鏡は、もたらされていない。日本で中国鏡が甕棺に副葬される時期は、弥生時代中期後半以後である。それよりも前に、日本国内で出土する鏡は、多鈕細文鏡と呼ばれる朝鮮半島産の鏡である。それらが発見される遺跡の時期は、弥生時代中期前半からである。近年、春日市須玖タカウタ遺跡から多鈕細文鏡系の鏡鋳型が出土した。(註4)わざわざ、多鈕細文鏡ではなく

「系」としているのは、多鈕細文鏡のように線が繊細で精緻ではないからである【図13】。精緻な文様の多鈕細文鏡が国産という確証はまだ得られていない。むしろ、多鈕細文鏡は朝鮮半島で製作されたものと考えられている。倭人がほんものの多鈕細文鏡を真似て作ろうとした証拠である。

こうして朝鮮半島から搬入されるモノを、北部九州の倭人たちは、自力で生産する方へ眼が向いて行った。簡単な青銅器は、すでに生産を始めていた。銅鏃・銅剣・銅戈・銅矛・青銅製鉇（やりがんな）などがその代表的な例である。

筆者は、以前の著作の中で、弥生時代中期前半に、突然、日本国内で青銅器を製造するための石製鋳型が出土し始めることから、その時点で青銅器生産が始まると書いた。それ以前は、大陸から持ち込まれた製品しかなかった。日本国内でも青銅器生産が始まった証となる鋳型が出土する場所が、次の節で述べる朝鮮系無文土器の出土する遺跡に重なることから、まず青銅器生産を始めたのを渡来人の仕業だと考えた。[註5]

楽浪郡設置の紀元前一〇八年は、日本では弥生時代中期中ごろと考えている。それよりも前の段階は、中国が倭の社会に関与する前のことで、倭人たちが自分の意志で朝鮮半島からモノ、技術を入手する活動を行っていた。

図13　須玖タカウタ遺跡出土多鈕鏡鋳型
（春日市教育委員会所蔵）

第二節 「倭」認識のはじまり

「倭」の存在をにおわせる伝説

先に、『漢書』地理志が、倭に関する確実な最初の記述だと書いたが、中国の書の中には、倭の存在をにおわせるような記事がいくつかある。興味深い文章があるのでここにひいておこう。

『三国志魏志』東沃沮(よくそ)伝

王頎、別に遣わされて〔高句麗王〕宮を追討し、其の東の界を尽くす。其の耆老に問う、

「海東に復た人有りや不や」と。

耆老、言う、

「〔わが〕国の人、嘗て船に乗りて魚を捕らう。風に遭いて吹かるること数十日、東に一島を得たり。〔島〕上に人有り、言語相暁らず。其の俗、常に七月を以って童女を取りて海に沈む」と、

又た言う、

「一国有りて亦た海中に在り、純女にして男無し」と。

「一布衣を得たり、海中より浮き出ず。其の身は中〔国〕人の衣の如く、其の両袖は長さ三丈。又た

一破船を得たり、波に随いて海岸の辺に出在す、一人有りて項中に復た面有り。之を生得して、与に語るに相通ぜず、〔もの〕食らわずして死す」と。

其の域は、皆沃沮の東の大海の中に在り。(註6)

文章の概略の意味は、魏の将軍王頎（おうき）が、北沃沮（きたよくそ）（現在の朝鮮半島北部日本海側）の東の果てまで来て、そこの古老に、海（日本海）の東にはまだ人が住んでいるのか尋ねた。そうすると、古老が言うには、東沃沮の者が漁に出て難破し、何十日も流されて東の島に着いたが、その島人は言葉が通じず、毎年七月に少女を海に沈める習俗があったと話した。また別の古老は、そこは女ばかりで男はいないといった。また別の古老は、漂流していた者を引き上げたり、難破船がたどり着いたことがあった。その船にいたものは首の後ろにもう一つ顔があった。言葉が通じず、何も食べないで死んだ。以上のような話である。

中国大陸の東の果てに海があり、その海の向こう側には見知らぬ国と人がいるという、このような伝承は、必ずしも空想によるものばかりでなく、実際に海から漂着した人がいたりして、そうした事実のかすかな記憶の一部が、次第に形を変えながら反映された伝承となって記録されたのであろう。

このような伝説は、合理的・科学的史実からみれば取り上げる余地はないが、民俗学者柳田国男は、伝説の本質について、次のように述べている。

「いよいよ紙の上に、文字をもって書き残しておこうという企てが始まると、ようようにしてここに人間の弁別が働くようになって来る。ある事件はすでに数十代の記憶を重ねているにかかわらず、疑う余地もない重要なる実歴であるがゆえにむろん載録する。またあるものはこれに伴のうて、夙くその当時の人々にかくありと信ぜられていたということが、明らかなる事実であるがゆえにこれもまた大切に存知する。」

まだ文字がない時代、多くの人が文字を知らない世界の中では、「歴史がまだ文筆の士の手にかからず、均しく記憶によって保持せられ、口から耳へと受け継がれていた時世に溯って考えてみると、これと伝説との差別は、実はどこにもなかったのである。」(註7)ということになる。この伝説で語られているように漂着民が、運よく帰還するということが何度か続くうちに、その地に出向いてみようという意識が芽生えるのは当然である。楽浪郡設置以前の渡海はこういう形で始まったのだろう。

倭への渡来の原因

弥生時代前期後半から中期初頭にかけて、北部九州から山陰地方西部にかけて、日本海沿岸の遺跡から、少量ずつではあるが朝鮮半島の土器が発見されている。この時期の朝鮮半島の土器は、口のところに丸い粘土紐を張り付けていることから「粘土帯土器」と呼ばれている【図14】。

このうち、日本から出土したものは「朝鮮系無文土器」と呼ばれている。この朝鮮系無文土器は、交易品だとか贈答品としてもたらされたものではなく、生活のための道具が一時的、偶発的に持ち込まれたものと考えられている。日本海沿岸部の遺跡から出土する朝鮮系無文土器は、先の青銅器や鉄器と同じように、渡来人が偶発的に持ってきたものか、あるいは小規模な交易の際に入れ物としてもたらされたものと考えられる。

ところが、紀元前三世紀と二世紀の境の頃、弥生時代前期末に当たるが、突然、朝鮮半島から渡来人が「倭」に入って来たことが、遺跡の出土品から明らかになっている。福岡市諸岡遺跡、福岡県小郡市三国の鼻遺跡などでは、内陸部に朝鮮系無文土器が、ひとつの遺跡から多量に集中して発見される現象がみられる。出土する遺構は、住居や貯蔵穴である。そこには、朝鮮系無文土器を使って渡来人集団の生活した痕跡も認められる。

図 14　三国の鼻遺跡出土の朝鮮系無文土器
（小郡市教育委員会所蔵）

また佐賀県小城市土生遺跡などでは、朝鮮系無文土器の形が徐々に弥生土器の形に変わっていくことから、そこに定住した渡来人たちが、徐々に弥生文化の中に取り込まれて行って「弥生人化」する過程もわかっている。

このことについては、筆者の考えを詳しく書いたものがある（註8）ので割愛するが、この大量移住というのは、倭が欲したものではなく、朝鮮半島の事情によるものである。具体的には、朝鮮半島北部に震源のある騒乱によってもたらされたものと考えられる。

衛満朝鮮と楽浪郡設置

稲作伝来の時期から少し経って、弥生時代前期末、絶対年代でみると紀元前三世紀後半、中国では秦・漢時代の交代による混乱期であるが、この時期に東アジア社会に大きな変化がみられる。

『魏志』東沃沮伝・濊伝・韓伝のそれぞれに朝鮮半島北部で起きた事件が記録されている。それは、当時朝鮮半島北部を治めていた箕氏朝鮮が、中国の北東部を治めていた燕国の将軍衛満に攻められて滅んだ事件である。その衛満が北部朝鮮に衛満朝鮮を建国し、箕氏朝鮮の王であった準が朝鮮半島南部に住み着いて韓王を名乗った。衛満朝鮮は、その後、漢の第七代皇帝武帝（在位紀元前一四一－八七）により滅ぼされ、その土地には、楽浪郡、真番郡、臨屯郡、玄菟郡の四郡が設置された【図15】。このうち楽浪郡は、現在の北朝鮮平壌付近に役所があって、中国が朝鮮半島北部を支配する拠点となり、紀元前一〇八年から紀元後三一三年まで存続した。

衛満朝鮮建国から楽浪郡設置をめぐっての一連の動きは、「倭」社会が大陸文化に関わる大きな契機となった。

衛満朝鮮に関する文章を抜き出しておく。

『三国志魏志』漢伝

「侯準既に僭号して王と称するも、燕の亡人、衛満の攻奪する所と為りぬ。其の左右の宮人を将いて走りて海に入り、韓地に居して、自ら韓王と号す。其の後絶滅せるも、今韓人猶其の祭祀を奉ずる者有り。漢の時、楽浪郡に属し、四時朝謁す。」

（朝鮮侯の箕準は、以前から自分で王と名乗っていたが、燕から亡命してきた衛満に国を攻めとられてしまった。箕準は側近の官人たちを、率いて逃げ、海路、馬韓人の土地に入って住みつき、自ら韓王といった。箕準の子孫はその後絶えてしまったが、韓人には今でも準の祭祀を奉る人がいる。韓は、中国の漢代には楽浪郡に属し、季節ごとに郡の役所に挨拶に来ていた。）

『三国志魏志』東沃沮伝

「漢の初め、燕の亡人衛満、朝鮮に王となりし時、沃沮皆焉に属す。漢の武帝、元封二年、朝鮮を伐ち、満の孫、右渠を殺し、其の地を分かちて四郡と為す。沃沮城を以って玄菟郡と為す。後、夷貊の侵す所と為り、郡を〔高〕句麗の西北に従す。今の所謂玄菟の故府は是なり。」

（漢の初め、燕からの亡命者衛満が、朝鮮の王となっていた時は、沃沮も朝鮮に属していた。漢の武帝は、元封二年（前一〇九年）に朝鮮を攻め、衛満の孫、衛右渠を殺して、その土地を分けて四つの郡にした。その時、沃沮城を玄菟郡としたのである。その後、穢貊に攻められて、漢は玄菟郡を高句麗の西北にうつした。今、玄菟の故府といわれている所はその跡である。）

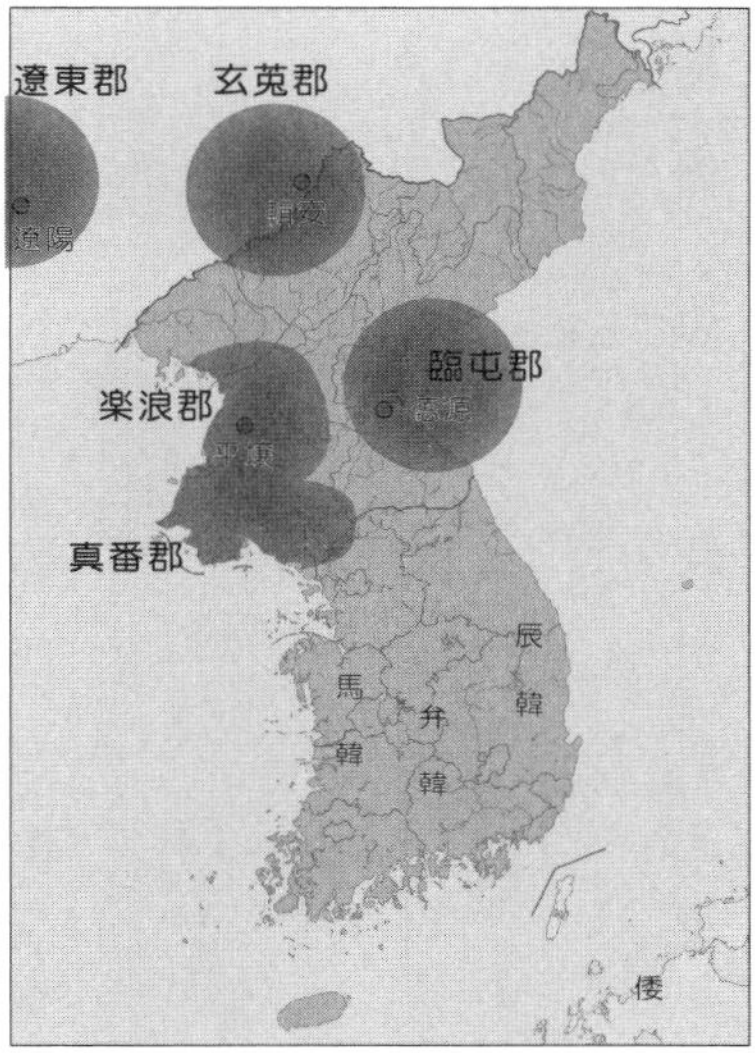

図15　朝鮮半島の楽浪郡の位置と範囲

（書き下し文および和訳文は、いずれも註９より）

その他にも『三国志魏志』濊伝にもほぼ同様の記事がある。

楽浪郡設置の影響

倭の方からみれば、楽浪郡が設置される以前にも、大陸・朝鮮半島の諸事情によって、倭に渡ってくる人たちがいたと考えられ、その移動によって、現在発掘されているいろいろな大陸・朝鮮半島に関係する遺物が持ち込まれたこともあった。

その後、楽浪郡が設置されると、そこを通して、倭人は、倭の中に政治的メッセージ性の強い品物を持ち込んできた。漢がもたらした遺物の代表的なモノは前漢鏡であろう。

この前漢鏡のうち、製作年代が早いものは、漢鏡２期（紀元前二世紀後半）のもので、これは、糸島市三雲遺跡１号甕棺、春日市須玖岡本遺跡Ｄ地点甕棺から出土している。現時点では、三雲遺跡の重圏彩画鏡、四乳羽状地文鏡、須玖岡本遺跡の草葉文鏡三面の合計五面であるが、いずれも大型の鏡で、中国では諸侯にしか与えられないものである。

この鏡が副葬された甕棺は、いずれも弥生時代中期後半の甕棺である。このいずれの甕棺からも、次代の漢鏡３期（紀元前一世紀前半から中ごろ）のものが一緒に出土している。

柳田康雄によって復元された、三雲遺跡１号甕棺出土の鏡は、先の重圏彩画鏡、四乳羽状地文鏡を除けば漢鏡３期の銘帯鏡二十九面など三十面以上の鏡、２号甕棺からは同じく漢鏡３期の銘帯鏡と星雲文鏡合計二十二面である。[註10] 須玖岡本遺跡出土鏡も草葉文鏡三面を除けば、星雲文鏡と銘帯鏡二十三面である。漢鏡2期の鏡は伝世したもので、漢鏡3期の鏡が、これを納めた弥生時代中期後半立岩式甕棺の時期を示し、それは紀元前一世紀後半にあたる。

甕棺からは、この他にもガラス製璧や金銅四葉座金具など、明らかな中国製品が出土している。これらを入手するために、倭人は楽浪郡に赴いていたのである。

筆者は、『続刊』（第三章第三節）で、北部九州弥生時代中期後半から末にかけての甕棺に突然前漢鏡が埋納され、そして突然消える現象について、田中琢の説を紹介した。[註11] 一般的に、弥生社会は前期・中期・後期と右肩上がりに発展するととらえられているのに対し、田中説では、須玖岡本遺跡や三雲遺跡、井原ヤリミゾ遺跡のような厚葬墓の出現は、通常に弥生時代階層社会が発展していく一過程ではなく「臨時に発生した事態であり、かれの社会的役割は弥生社会に継続して存在することを保証されている種類のものではなかった」という考えである。「かれ」とは首長をさす。つまり、この現象は一過性のバブルのようなものだということである。筆者もこの考えを支持する。

日本の歴史をみると、外国を模倣して、一気に国際化を図ろうとする時代がある。飛鳥時代から奈良時代、明治時代がそうした時代であるが、北部九州の弥生時代中期は、まさにそうした時代だったと思われる。

楽浪郡と直接・間接に関わった北部九州は、鏡をはじめとした中国のモノや技術を手に入れ、その社会は大きく変化した。先に述べた三雲遺跡や須玖岡本遺跡のように、鏡を副葬した甕棺は、数多く現れた。しかもその時期が、弥生時代中期後半に偏（かたよ）っているのである。土器文化も須玖式土器という丹塗磨研（にぬりまけん）を基調とした華やかなものになり、全体に文化の高揚感を感じさせる時代である。

ところが、華やかな弥生時代中期が終わると、途端に副葬される鏡の枚数は減り、大きさや質も落ちて衰退の時代に入る。今まで繁栄した遺跡が突然姿を消す。その代表格が遠賀川流域の飯塚市立岩遺跡であろう。ここでは、立岩遺跡の繁栄した後、後期の遺跡がほとんどないのである。いったい、そこにいた人たち、集落はどうなってしまったのだろう。

私たちは、弥生社会が、一定の方向に向かって順調に発展していったと考えている。しかし、いつの時代にも一時的に急激に発達することもあるし、それが継続せずに元の時代に戻ることだってある。初めて「倭」が大陸文化に接触し、楽浪郡の品物をただ得るだけでなく、その社会を知り、目標を得たとき、一気に社会に変化がもたらされたと考えられる。それはちょうど近代西欧社会を意識した明治維新に通じるものがある。この時代は、弥生時代の「バブル」と言ってよいだろう。バブルはいつまでも続かない。バブル期を過ぎた社会は、再びバブル以前の社会に戻る。

弥生時代中期後半から末にかけて、北部九州の多くの甕棺墓（甕棺形式で言うと立岩式）に、突然、前漢鏡が副葬された厚葬墓が出現するが、その時代に「倭」は目指すべき社会がどのようなものであるのか、楽浪郡を通して知りえたのである。弥生時代全体を通して、北部九州と近畿は、目指す目標に接することができたのか、できなかったのか、そこに両地域の違いがある。

前漢時代の鏡や鉄製品などは、腐らずに残っている可能性が高いために遺跡の調査によって発見され、注目されることが多い。当時それらの金属製品と並んで重要なものだったのが布製品である。後に『魏志』倭人伝で邪馬台国が贈った品物や贈られた品物が列挙されるが、布類、特に絹織物が順番の最初のほうに書かれていて、重視されていたことがわかる。

　弥生時代の布製品に詳しい布目順郎によると、弥生時代前期末の福岡市有田遺跡出土細形銅戈に付着する絹織物をはじめ、弥生時代中期前半以前の吉野ヶ里遺跡から出土した絹は、いずれも繊維断面積が大きいことから、華中的、すなわち四眠系蚕（四回脱皮したのち、繭を作る蚕）のものと考えられるとした。しかし、その繊維密度は、当時の中国製品よりもかなり荒いことから、これらは中国産ではなく、まず華中の江蘇省から浙江省にかけて産出する四眠蚕が弥生時代中期前半以前に北部九州へ渡海してきて、それがその段階以後、国産化され日本でも生産されていたと考えた。

　ところが、弥生時代中期中葉以後は、繊維断面積が小さいことから華北系もしくは楽浪系の三眠蚕のものも出てきて、華中系の四眠蚕と楽浪系三眠蚕が混在したと考えた。

　そうすると弥生時代中期中葉以後、すなわち紀元前二世紀末から一世紀初頭という、まさに楽浪郡の設置時期に、楽浪系三眠蚕の絹製品が持ち込まれたことになる。おそらく楽浪郡との

図16　弥生時代絹製品の分布図

接触の中で倭人が蚕を入手し、そしてその生産にまで至ったと考えてよいだろう。布目は「『倭人伝』に倭といっているのは北部九州を中心とする地域」であって、「邪馬台国は、養蚕絹織りの観点に立つかぎり北部九州にあった」という結論に達した(註12)【第16図】。

第三節　一つでない「倭」

変化する「倭」の領域

もちろん「倭」という認識そのものは、中国が与えたものであるが、それに対応する北部九州のまとまりは、その中でも時代によって変化している。初めに前漢時代の「倭」について述べる。文献史学では、津田左右吉のように『漢書』地理志や『後漢書』東夷伝、『魏志』倭人伝という少ない文献の中で考察すると、「倭」を一言で言って「キュウシユウの北半における諸小国」という程度の表現にとどまらざるを得ない、という考えもあった。そうした中国の文献に描かれたのは、考古学的な時代区分の中では弥生時代という時代である。その弥生時代が数百年続く中でも、それぞれの時期をみてみると、「倭」に該当すると考える範囲は、時代とともに変化することが考えられる。

「倭」というのをどの範囲で考えるのか。先に述べた金関説のように、最初は、「倭」は朝鮮半島にいて、それから移動して日本本土に移ったとするような考え方もあるし、倭を日本本土にとどまらず、朝鮮半島南岸にいた種族の範囲にまで考える説もある。

しかし一般的には、中国の文献で「倭」が現れた前漢時代は、まず北部九州のうちでも、玄海灘に面した狭い範囲に限定してとらえることが無難である。

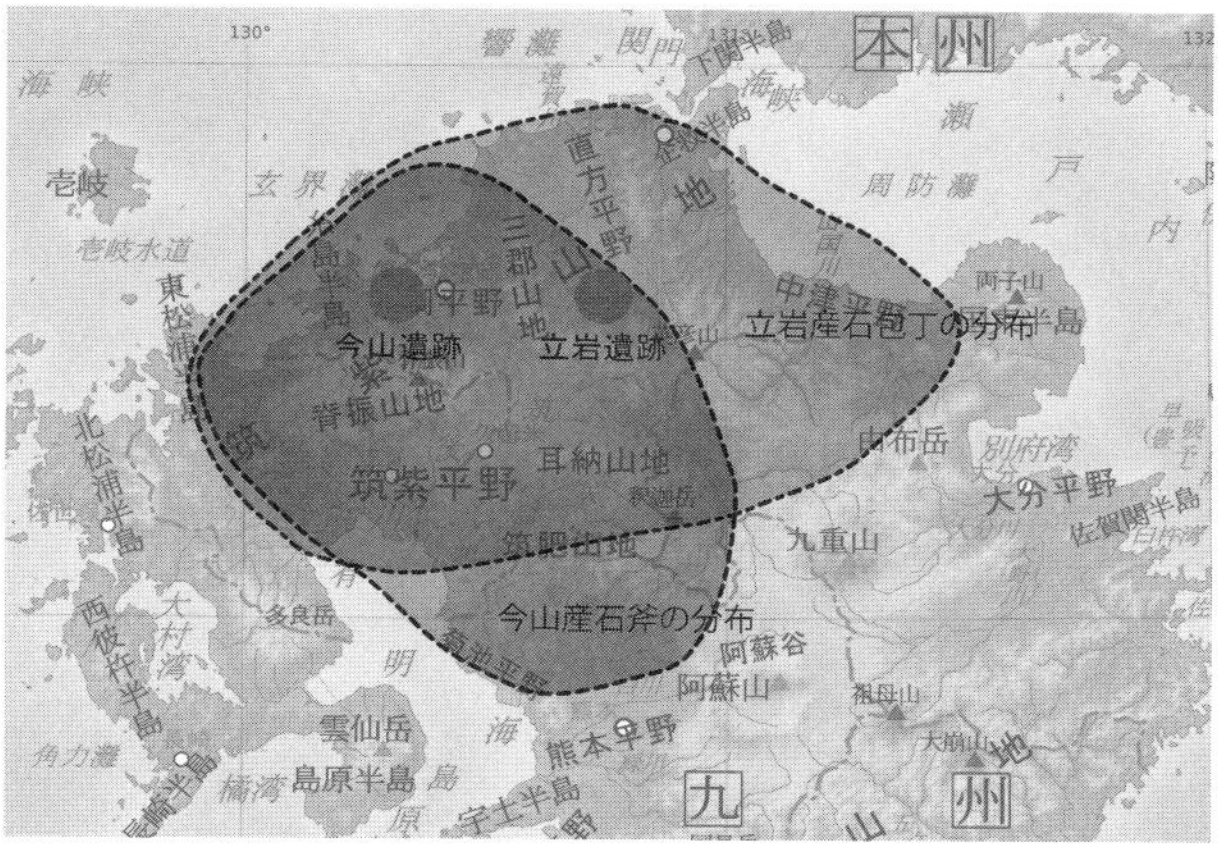

図17　今山産石斧と立岩産石包丁の供給範囲

自然経済による交流が行われていた範囲は、弥生時代中期頃までは、それほど広い範囲ではなく、今でいう北部九州一帯と熊本平野北半であった。それは、福岡市今山産の太型蛤刃石斧の流通であったり、飯塚市立岩産の輝緑凝灰岩の石包丁の流通であったり、その交易範囲を対象にした流通圏だったと考えられる【図17】。

弥生時代中期後半から末には、こうした地域ごとに自然経済が発展して、まず平野や水系を単位として農業共同体が生まれ、やがて地域間に生産品・加工品・特産品を流通しあう連携が認められるようになる。年代としては、紀元前二世紀後半から紀元後一世紀初頭くらいまでである。

この時期の土器形式は、須玖式土器と呼ばれる。九州地方でかなり広い範囲が、この土器文化の影響を受けること

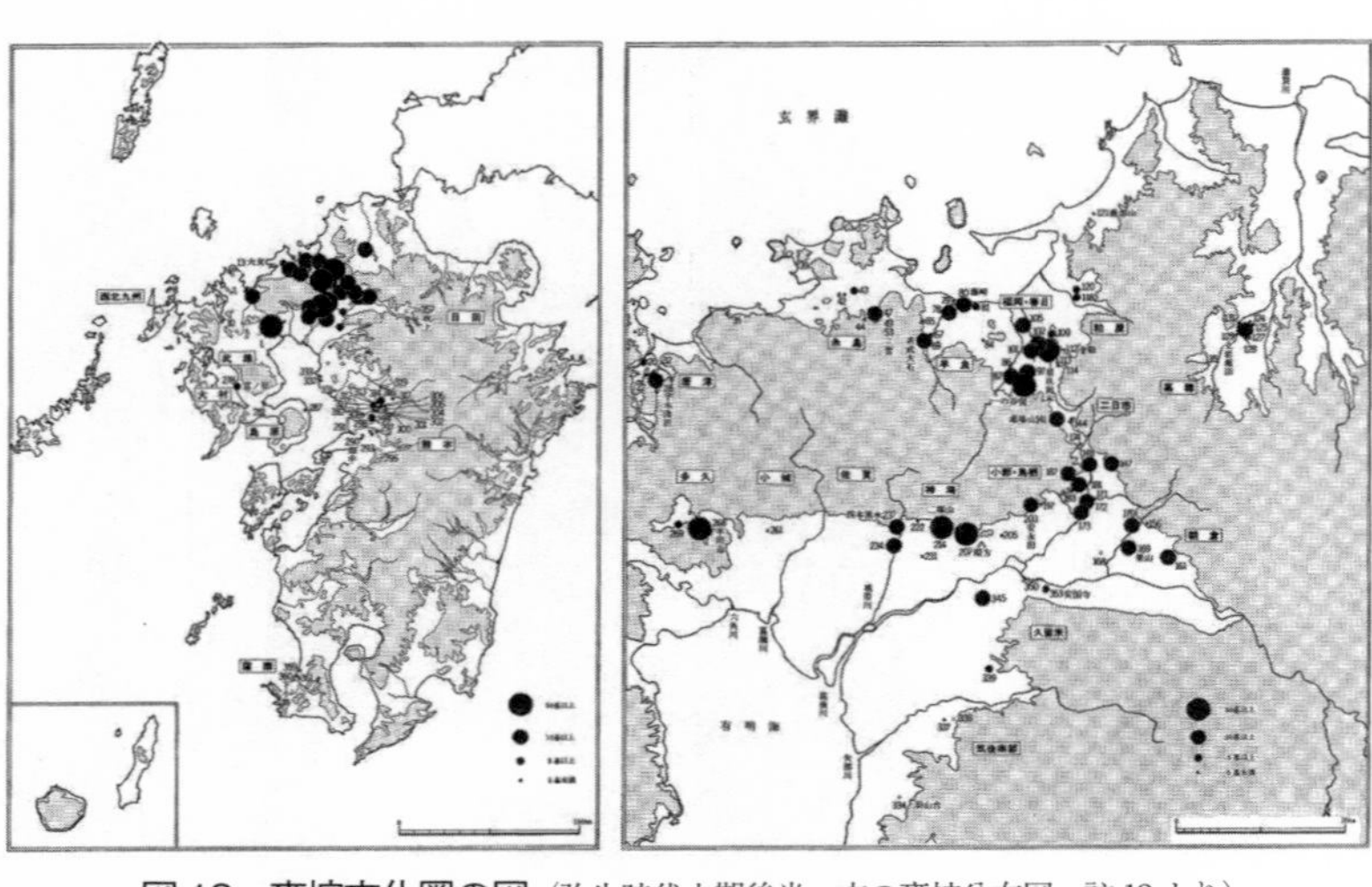

図18　甕棺文化圏の図（弥生時代中期後半〜末の甕棺分布図　註13より）

になる。特にその後半期に当たる土器は、須玖Ⅱ式土器と呼ばれ、器壁が薄くて繊細で、赤色顔料を塗布し、磨き込めた華麗な赤色磨研の技術が用いられている。この祭祀性豊かな土器文化は、北部九州だけでなく、熊本（中九州）、豊後（東九州）も席巻（せっけん）し、南九州にも大きく影響を与えている。土器文化を通して、汎九州的に弥生社会の地域間交流が活発になったことがわかる。

　それから、忘れてはならないものが甕棺文化圏である。甕棺は、ただ甕という形の土器を棺桶に利用したというものではない。甕棺は、特殊な土器で、ある地域で生産されたものが一定の範囲に限って供給されている。埋葬方法に対する考え方を共有した地域がわかるという意味からも重要である[註13]【図18】。

　甕棺は、埋葬のためだけに特殊に製造されている。この土器は大きなものでは、高さが一メートルを優に超す。その割に厚さは薄く一センチないものも多い。

この時期には前述のように、須玖岡本遺跡、三雲南小路遺跡、井原ヤリミゾ遺跡など多量の鏡を擁する厚葬墓があるが、どれも甕棺墓である。それよりもワンクラス下がった立岩遺跡等のような厚葬墓にも甕棺が使用されるものが多い。山口県や熊本県などでは、石棺墓に鏡などの威信財が副葬される厚葬墓もある。

こうした墓に埋葬された人は生前、その遺跡を中心とした小平野や河川流域程度の範囲で、政治的影響力を持っていた。中国の鏡だけでなく、舶載の璧や鉄製武器、国産としては最上位の武器型青銅器を副葬することによって、死者やその後継者に地域のリーダーとしての権威が認められる。

甕棺という墓制と鏡という舶来の副葬品が揃っている遺跡は、糸島平野—福岡平野—遠賀平野—筑紫平野北部に広がっている。内陸の遺跡が、直接的に単独で中国鏡を手に入れたとは考えがたく、この広がりは、北部九州における各地域に生まれた勢力の連携を示しているのであろう。特に福岡平野に想定される奴国と糸島平野に想定される伊都国において、その鏡の量が多いのは、入手した鏡を他地域の首長と同等に分有することではない、特別な権利を持っていたからと思われる。北部九州における政治的権威が強かったこともあるであろうし、対外交渉の拠点になったことを示している。

かつて藤間正大が指摘した「安帝の永初元年、倭国王帥升等、生口百六十人を献じ、請見を願う。」というその百六十という数は、倭の諸国が、それぞれに生口を持ち寄ったために、このような多人数になったという指摘も、あながち無視できない。弥生時代中期後半から末にかけての甕棺墓に前漢鏡が副葬された地域の首長たちが、生口を供した首長たちであったことも考えられる。その範囲は、

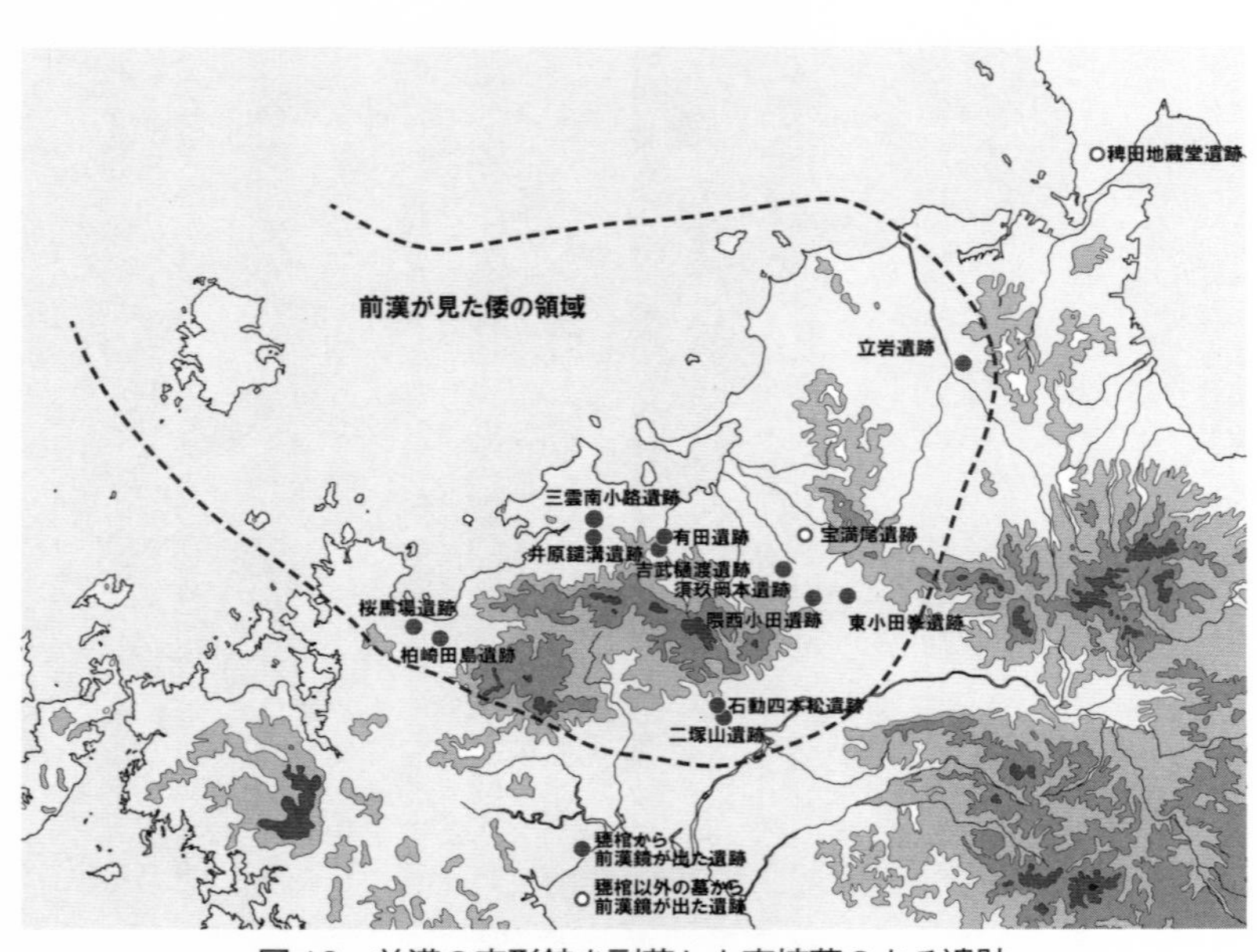

図19　前漢の完形鏡を副葬した甕棺墓のある遺跡

糸島半島―福岡平野―遠賀平野―筑紫平野北部である。この考古学上の広がりが、『漢書』地理志段階の前漢後半期から『後漢書』東夷伝前半期、すなわち一世紀頃までの「倭」と呼ばれた地域に相当するというのが、筆者の考えである【図19】。

今、地図上で見る日本、九州は昔とその位置・地形が変わることない。しかし遠く離れた大陸で得られる「倭」に関する情報は限られたものであった。明確な国境線で倭の領域が示されたわけでなく、漠然とした土地としての「倭」の情報がもたらされていたにすぎない。

そのために「倭国」でなく「倭人」と表現したと思われる。中国が認識する「倭」がいつの時代にも同じ「倭」でなく、その領域に対しての認識も時代とともに変化しただろう。

「敵の敵は味方」的な邪馬台国論

少し本題からそれてしまうが、中国からみて、複数の勢力が争っている中で、ある勢力が日本列島を代表する唯一の政権として見誤った例は、日本史上いくつかある。

正平十六年（一三六一）の南北朝時代に、南朝側の懐良親王が、九州を制圧して大宰府に九州征西府を設置したことがあった。明の太祖朱元璋が正平二十三年（一三六八）に明の建国を日本の征西府にも告知するが、そのとき、明ではその懐良親王を「日本国王」と呼んでいたことが中国側の『皇帝実録』『皇明実録』に記録されている。[註14]

その後、明政府は、日本が南朝側と北朝側に分かれて対立していることを具体的に知り、北朝側の室町幕府と交易を行うことになるが、その出来事は、今からわずか六五〇年余り前のことである。この中世の時代でさえ、明政府は、日本が二元国家体制になっていることを知らず、国内で唯一南朝側が優勢だった九州征西府の懐良親王を、中国側の外交の窓口として認め、「日本国王」と呼んでいたことがあったのである。それよりも、断然昔の弥生時代の終わりに、九州とそれ以東にあった政権、もっと言うならばどちらにも属さない別の地域政権がいくつかあったとしても、そのどこかを中国では「倭」の統一政権とみなしてしまう判断がなされていたことは想像に難くない。

ここでは、中世の例を引いただけであるが、六世紀、ヤマト王権が朝鮮半島の百済と手を結ぶ中で、筑紫君磐井が新羅とつながっていたように、日本側の情勢がわかっていながらも、敢えてねじれ外交を選択することはいつの時代にもみられる。

邪馬台国を近畿としながら、九州に違う別勢力の存在を認めるという考え方、あるいはその逆に九州を邪馬台国としながら、近畿に別勢力を求めるという考え方は昔からあった。

本居宣長は、邪馬台国という名称は使わなかったが、『日本書紀』に書かれている景初・正始年代の統治者は大和にある朝廷であって、魏の使いを欺いたのは九州の土豪であるという考えを述べた。同じ日本国内にあって、別々の政治権力があったという意味においては、これも広義には二元国家論である。

明治時代にも、邪馬台国時代の二元国家を考える研究者がいた。

橋本増吉は、邪馬台国筑後山門郡の九州説に立つが、魏使が邪馬台国を訪れた時期には、すでに近畿に邪馬台国とよく似た音を持つヤマト国があったと考えている。すなわちそのヤマト国は『魏志』倭人伝が記す「倭国乱」を契機に邪馬台国から離れていた同族が打ち立てたものであるという考えを示している。

小林敏男は、近畿勢力が九州の勢力の分派であるという考えには賛成しないものの、橋本増吉の考えを支持し、それに加えて里程から見た陳寿の地理観や『魏志』倭人伝の女王国と邪馬台国の関係などに言及し、「女王国は、すでにみたようにヤマト国を宗主国とする北九州沿岸六国によって共立された女王卑弥呼を盟主とする諸国連合体であり、魏王朝から卑弥呼は倭王（倭国王）として認定された。邪馬台国論争の鍵ともいうべき「共立」の様相からみてそのように考えるのが妥当であろう。」

と述べ、近畿の邪馬台国と九州の「女王国」とは別に存在するという考えである。[註15]

このように、日本の歴史学の中で、邪馬台国問題に関しても歴史の一つの解釈として二元あるいは多元国家論がしばしば出てくる。

現代の日本国民は、意外とそうした議論が好きなようである。その背景には、それぞれの地域が持つ歴史感覚の違いがある。網野善彦は次のように書いている。

「鎌倉幕府の評価については、学者の中でずいぶん考え方が分かれていて、これを一応自立した国家、中世国家のひとつの型として認める見方と、王朝京都の権力の出先機関として軍事的な部門を担当する、ひとつの権門にすぎないという見方とが対立しています。

だいたい東京出身の学者には前者の意見が強く、京都の学者は、後者という傾向があり、東北が西の味方をして、九州は東の味方をします。

そのとおりこれは、歴史的にもそういう結びつきがよくみられるのですけれども、今でもそういうパターンが、学説のちがいにもみられるような気がします。耶馬台国もだいたいそうです。九州はもちろんですが、東京の学者は九州説で、京都のほうは畿内説。これは現代でも、地域の歴史は、意識しないところでわれわれに影響をあたえていることを示すよい例だと思います。[註16]」

この傾向は、今の邪馬台国論争にもいえることである。昨今の考古学的成果にみる纏向遺跡の強大化を通して、少なくとも関東から九州までの一元国家的支配を邪馬台国につなげて考える研究者は、近畿地方に多く、一方、そこまでの支配とは認めず、まだ地域政権の並立段階と考えて、二元国家的あるいは多元国家的支配の中で邪馬台国を北部九州に求める研究者は、東京（関東）に多いという状況に通じるところがある。「敵の敵は味方」ということに通じるのか、東京の人は、差し当たってライバルとみる関西の向こうにある九州を支持するという傾向が見受けられるのは、今に始まったことではなく、明治時代からの構図である。

第四章　邪馬台国時代の北部九州

第一節 「ツクシ」とは

神話に登場するツクシ

前章では、邪馬台国時代の日本には二元的な政治勢力が存在し、前漢時代の倭とは、筑紫平野北部より北側の北部九州を指すという主張を述べた。「倭」といっても時代によってその領域が変化するものである。この章では、北部九州を地域ごとにもう少し詳しく述べることにしたい。

日本の側では、九州はツクシと呼ばれていた。しかし、「ツクシ（筑紫）」は九州全域を指す場合もあれば、その一部の限定された地域を指す場合もある。

限定されたツクシという地域が、どの地域を指すのか、厳密に文献上で示されているわけではない。しかし、七世紀後半の律令体制になって、『筑後国風土記（逸文）』にあるように「筑後の國は、本、筑前の國と合せて、一つの國たりき。[註1]」とあって、おそらくこの国分けが確定したと考えられる七世紀末以前には、おおよそ、ツクシと呼ばれていた地域は、その後の筑前国（ツクシノミチノクチ）、筑後国（ツクシノミチノシリ）の二カ国を合わせた程度と認識されることがわかる【図20】。

それでは、九州のそれ以外の地域にはどのような呼び名があったのであろうか。

それを考えるときに、記紀にある神話は参考になる。

古事記神話の中にツクシに関する文献をみると、まずいちばん最初に出てくるのは、次のような物語である。

伊邪那岐・伊邪那美の二神が、天沼矛をかき混ぜてできた淤能碁呂島で結婚し、そこで生み出したのが、大八島の島々である。筑紫はその四番目にできた島であった。

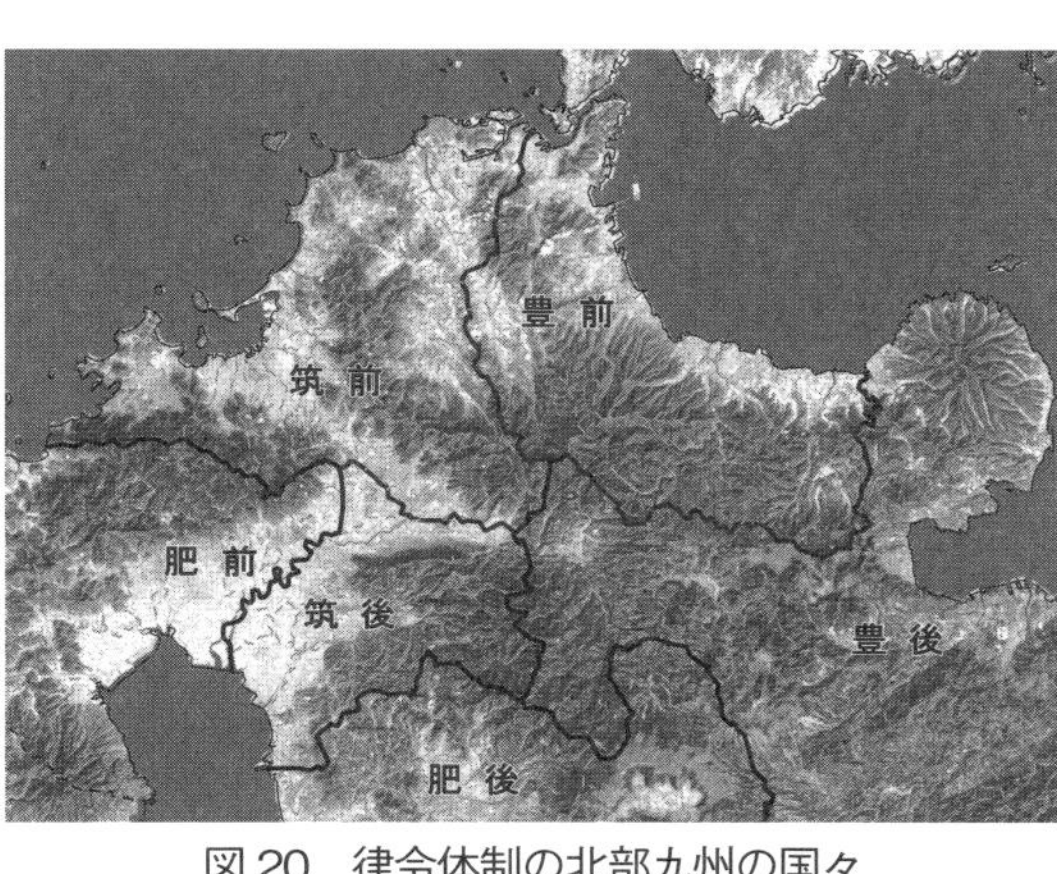

図20　律令体制の北部九州の国々

伝説には、「筑紫島」つまり九州は、「此島亦身一而有面四」（この島もまた、身一つにして面四つ有り）と書かれている。「面四つ」とは、顔が四つある、つまり地域相が四つに分かれる、という意味である。

その四つとは、豊日別、白日別、建日向日豊久士比泥別、建日別である。周防灘・瀬戸内海に面した地域が、豊日別＝豊国で、後の豊前・豊後になる。玄界灘に面した地域とその内陸部にかけての地域が、白日別＝筑紫国で、筑前、筑後になる。九州中央部の地域が、建日向日豊久士比泥別＝肥国、九州中央部の地域で、後の肥後になる。そして南九州の地域が、建日別＝熊曽で南九州の地域である【図21】。

この見方は、神話の時代（と言ってもおそらく旧辞が整備され

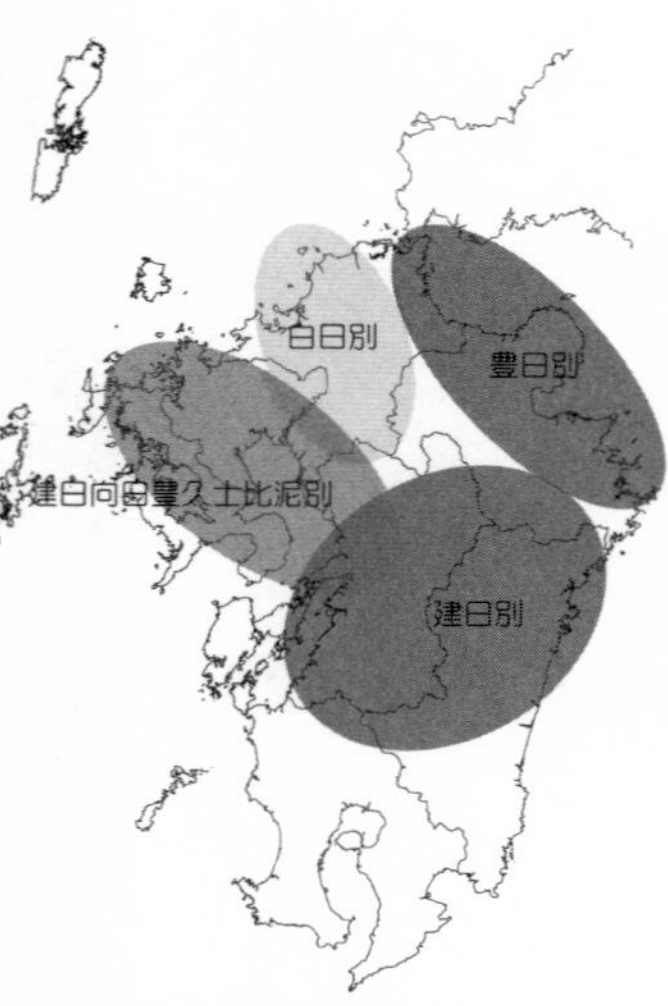

図21　神話に書かれた4つの面が示す地域

た六世紀前半頃）の認識では、すでに各地域に独自性があったことを意味している。それが国として成立し、国境によって区分されるようになったのは、天武天皇の時代からであるが、もやっとした地域性に基づく国の起源は、その段階には既にできていたことが予想される。ツクシはその四つの面の一つである。

神話から地域をみるのは、あまり意味がないと考える人も多いが、筆者は意味があると思う。

神話は、絶対年代がわからないものであり、各時代のものが入り乱れているので、近代の合理的歴史観からは距離を置かれることが多いが、それでも津田左右吉の言葉に耳を傾けたい。

「要するに、記紀の記載には事実らしからぬ物語が多いが、それがためにそれらの物語が無価値であるのでは決してない。事実でなくとも、むしろ事実でないがために、却って、それに特殊の価値がある。それは実際上の事実ではないが、思想上の事実、もしくは心理上の事実である。記紀の物語をこう観察して、はじめて、真の研究の門に入ることができるのである。（註2）」

そこには、実証的でないけれども、優れた先祖の知恵が見出せるのである。

こうした地域性は、かつて和辻哲郎が『風土』において指摘したように、自然にそれが一つの政治・経済圏を形成していき、そこに住む人々も「黙っていても分かりあえる」環境にあった。

もし、現代の私たちに対して、白紙の九州地図を前に、それをいくつの地域に分けるか、どのように括(くく)るのかという質問が出されても、到底短い時間でその作業は、できないであろう。特に、今ではどこの町に行っても、町は同じ風景であって、土地の名産品はどこででも買えるこの「便利な」世の中になってしまった。そうなると地域色が失われていくのは仕方がない。

しかし、古代の人たちは、実感として九州が四つの地域に分かれることを感じ取り、そしてその地域の呼び名まで付けていた。長い年月の間に人々の中に培(つちか)われてきた感性を、神話で表現する祖先の知恵には驚くよりほかない。

ツクシの語源

「ツクシ」の語源にかかわる説話がある。『筑後国風土記（逸文）』にある筑紫神社にまつわる伝承である。

筑紫野市大字原田に所在する筑紫神社には、古代九州最大の豪族である筑紫君の祖先をまつる伝承が残されている。筑紫神社は、延喜式神名帳の名神大社に列せられる格式ある神社で、はじめは、西方の佐賀県基山町の基山(きざん)山頂に鎮座したが、その後、現在地に遷宮したという伝承もある。その神社起源伝承の一部には次のように書かれている。それを要約すると、

「昔この境の上に猛神（荒ぶる神）がいて、往来する人の半分は生きのびるが、半分は死んでしまっ

た。その数がたいへん多くなった。そこで人の命を『つくし』の神と言った。この時、筑紫君と肥君等が占って、筑紫君等の祖先である甕依姫（みかよりひめ）を祝（はふり）（神を奉る神職）として祀らせた。そうするとそれより後は、道を行く人は神に妨害されることはなくなった。これをもって、この神を筑紫の神と言うようになった。」

「筑後国はもともと筑前国と合わせて一つの国であった。昔、この両国の間の山に険しく狭い坂があって、往来する人が乗っている馬の鞍を摩り尽くすほどであった。そこで、土地の人は、『くらつくし』坂と呼んだ。」

また『風土記』に記載される別の伝承では、

「そこで死んだ人を葬るためにこの山の木を切って、棺桶を作った。このために山の木を切り尽くそうとした。そこでここを『つくし』の国と言った」

とある。どの「つくし」も使い切った、消耗しきったという意味で用いられる。

筑紫神社は、筑紫君の祖先である甕依姫が祭ったことが起源とされ、筑紫君とは関係の深い神社である。筑紫君の中でもっとも有名な人物は、西暦五二六年にヤマト王権に反旗を翻した筑紫君磐井（いわい）であろう。六世紀の筑紫君の勢力圏と邪馬台国時代のツクシが完全に重なることはないが、筑紫君磐井がその伝承の中で書かれているように、「筑・豊・肥」に勢力を及ぼしているのであれば、ある程度は、邪馬台国時代のツクシに通じるところがあると思われる。

筑紫豊（つくしゆたか）（この人は、これが本名の研究者で、以下の文章では地名の「筑紫」や「豊」と紛（まぎ）らわしいので「筑紫豊（つくしゆたか）」

とルビ付きで表記する）はツクシという語源研究について詳しくまとめた。筑紫豊（つくしゆたか）は、現在の西鉄筑紫駅のある付近の地形から出てきたものだという考えを持っていたが、それは後に回して、まず筑紫の語源について論じた先学の説を紹介する。

筑紫の語源について書かれた最古のものは、逸文として残っている『筑後国風土記』であるが、これは前述したので省略する。

江戸時代前期、福岡藩の儒学者として、また藩医として活躍した貝原益軒（かいばらえっけん）は『日本釈名』の中で「九州の形木兎（ずく）に似たる」「紫は島と云詞」で、木菟はミミズクのことで、それに似た島という意味から筑紫になったという説を紹介しながら、貝原自身は、それは間違いであって、石垣を築くの「つく」と石の「し」、すなわち「筑石」を語源とするとした。

本居宣長は、「宇都久志（うつくし）なるべし」のツクシであると解釈した。

江戸時代後期に活躍した福岡県鞍手郡出身の学者伊藤常足（つねたり）人は、天保一二年（一八四一）に『太宰管内志』全八十二巻を完成し福岡藩に献上した。この『太宰管内志』はいわゆる古今の筑紫に関する記述が網羅されていて、たいへん便利な本である。この『太宰管内志』の中で筑紫の本拠がどこかということに触れ、『筑後国風土記』の中で出てくる筑前と筑後の境あたりと想定した。

吉田東吾（とうご）は、明治三三年（一九〇〇）に第一冊が完成する『大日本地名辞書』の著者で、やはり『筑後国風土記』に出る筑紫神社を重視して「村名は神名より出でしか」と当時の筑紫村大字筑紫・原田付近を考えた。

図22　筑紫神社周辺の地形図（黒い点線で囲んだ箇所が吉田東吾・筑紫豊の想定した「ツクシ」）

そして筑紫豊（つくしゆたか）説である。筑紫豊（つくしゆたか）は、吉田と同じように、当時の筑紫野市大字筑紫が中心になっていると考えた。筑紫豊（つくしゆたか）が注目したのはその地形である。

筑紫豊（つくしゆたか）は、

1、クシとは丘陵が横長く水辺に向かって刺すように突き出している地形

2、地形詞のクシは器具のクシと同語

3、串の字を当てることが多いが、このような地形に櫛を付けた地名も多く、串は櫛の俗語

4、言葉も文字も倭韓共通

として、筑紫の具体的な場所は、現在筑紫小学校の建っている筑紫神社から東方に七百メートル、比高二十メートルで突出している丘陵を中心にした地域として、そこを本拠と考えた（註3）【図22】。

筆者はかつて、筑紫豊（つくしゆたか）が指摘した丘陵を含むこの一帯の範囲を「筑紫」と考え、ここが古代豪族筑紫君発祥の地であって、そこには四世紀の前方後円墳が集中し、筑紫全体の精神的なよりどころになっていたと述べたことがある（註4）。そしてその勢力が根付く筑紫平野という広い地域を分断するために、この筑紫君の先祖をまつる筑紫神社を起点として、筑前・筑後・肥前の三国に分断したという説

を提示した(註5)。そのため、この地は今でも「三国(みくに)」という地名が残されている。

まだ文字のない時代に、ツクシがどの範囲だったのかは不明であるが、神話の中からは、この付近にヤマト王権にまつろわぬ勢力があったということや、筑前国と筑後国の境がこの付近であったということが読み取れそうである。

ツクシの遺跡

筑紫は、先の神話で古代人たちがみていたように、肥とも違うし、豊とも違う地域である。自然地形をみるとその最大の平野は筑紫平野である。そこには、後の天武天皇の時代に編成された肥前国に属す佐賀平野も入る。佐賀平野もツクシの一部であるが、このことは後で詳しく述べることにする。

さて実際に、この地域の遺跡をみても、末盧国に比定される唐津平野、伊都国に比定される糸島平野、奴国に比定される福岡平野、そしてこの筑紫平野が「ツクシ」を構成する主要な遺跡集中地域であることがわかる。

筑紫平野の一つ一つの遺跡は、纏向遺跡に比較すると、さほど大きくない。そこから出土する遺物も、それだけで大きな権威を示すものはない。しかし、平野全体でみると、少なくとも、弥生時代終末期に環濠をめぐらす五ヘクタール以上の規模の集落が、密集している状況がある（『初版改訂』図28・48）。さらに、それぞれの遺跡から出土する遺物は、全部を合わせてみると極めて質の高いものだということがわかる。図23は、その一例を図化したものである。どこかの遺跡が、青銅器生産を担って

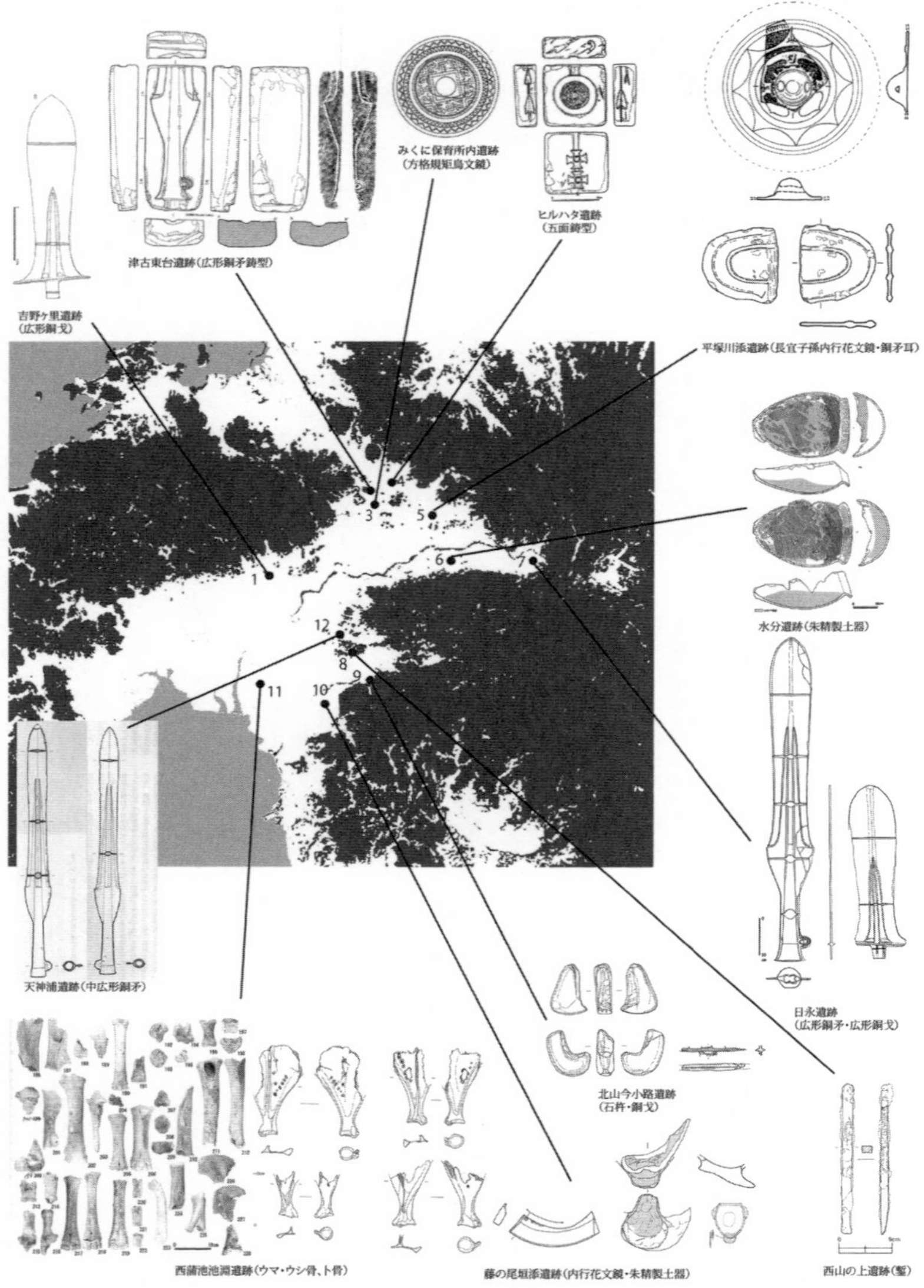

図 23　筑紫平野内の遺跡から出土した特徴ある遺物の一部
（図版引用元については註 6 参照）

いたとか、朱の生産を行っていたとか、特別に集中して中国製の鏡や青銅器が多いというわけではない。それぞれの集落が、その中で生活に必要なものを他集落との交易や自給自足的に生産・消費し、集落を維持することに必要なものを持っていたことが特徴である。

これらが、対外的に交渉を行うときには、連合して対応していたのであろうが、そこに権力の集中はみられず、均衡と適度な緊張を保ちつつ、筑紫平野の中でクニが営まれていたことがわかる。

もともとの「倭」とその拡大

さてそれでは、前述のように前漢が「倭」と認識した領域が、筑紫平野北部までだとすれば、次の後漢や魏は、邪馬台国時代の「倭」をどこだと認識していたのだろう。今までの筑紫平野の説明で、全体がその対象になることは当然であろうが、筆者は、菊池平野、熊本平野も含まれると考えている。その理由は第四章第三・四節で説明したい。

津田左右吉は、「倭」とは、すでに前漢時代から筑紫地方の北部の呼び名だったと考えていたことは、前章第一節で述べたとおりである。

津田が言うとおり、かつて邪馬台国だったと考えた「倭」の領域が、ヤマト王権が確立した時代以後に、ヤマト王権に統合されたとすると、それ以前のヤマト王権の前身となる勢力は、どういう領域をもっていたのであろうか。「倭」が日本側の文献にみられる、『古事記』『日本書紀』の段階では、既に近畿にあったヤマト王権こそが、「倭＝ヤマト」であるために、それ以前のヤマト王権がどの範囲を指すのかは日本側の文献からは分からない。

しかし、原秀三郎は、埼玉県稲荷山古墳出土の鉄剣銘文からその領域について言及している。

原は、その鉄剣銘文に連なる「乎獲居（ヲワケ）の臣の上祖、意冨比垝（オホヒコ）」に注目した。この意冨比垝を、崇神天皇紀にある四道将軍のひとりと見た。この派遣記事そのものが史実でないとする研究者も多い中で、原は『日本書紀』の意図を文脈に即して読み取る必要があると肯定的に考えた。鉄剣銘にあるとおり、意冨比垝が、乎獲居の八代（世）前だとすると、乎獲居が杖刀人として仕えた獲加多支鹵（ワカタケル）＝雄略天皇より、同じ八世前に崇神がいる。そこで、『古事記』に書かれる崇神の崩御年「戊寅」の年を、一世三十年として、西暦二五八年とした。したがって、崇神が活躍する時期を二三〇年代から二五〇年代とした。

そうすると、崇神の活躍した同時代に卑弥呼もいることになる。そこで原は、北九州には卑弥呼のいる邪馬台国、近畿には、西は備後、北は丹波、それに北陸と東海、会津あたりまでを版図とする大和（ヤマト）王権が並立していたとした。倭の二元国家である。

『日本書紀』崇神天皇十年七月条は、北陸に大彦命、東海には武渟川別命、西海（後の山陽道）には吉備津彦、丹波には丹波道主命を遣わしたということになっている。一方の『古事記』崇神天皇条には、高志道は大毗古命、東方十二道は建沼河別命、丹波国には日子坐王を遣わしたとなっている。少し表現は異なっているが、ほぼ同じ内容である。

原は、この派遣された範囲が、初期ヤマト王権の勢力圏を示すとしている。(註7)

この地図とヤマト王権発祥の遺跡とされる纒向遺跡から出土した土器の原産地を比較すると面白いことになる。初期ヤマト王権の根拠地である纒向遺跡から出土した土器のうち、他地域から搬入された土器の割合は、東海地方のものが四十九％、山陰・北陸地方のものが十七％、吉備地方のものが七％、関東地方のものが五％という割合で出土している。同じ近畿地方でも河内のものが十％、近江のものが五％出土している。九州のものは全くと言っていいほど確認できていない。

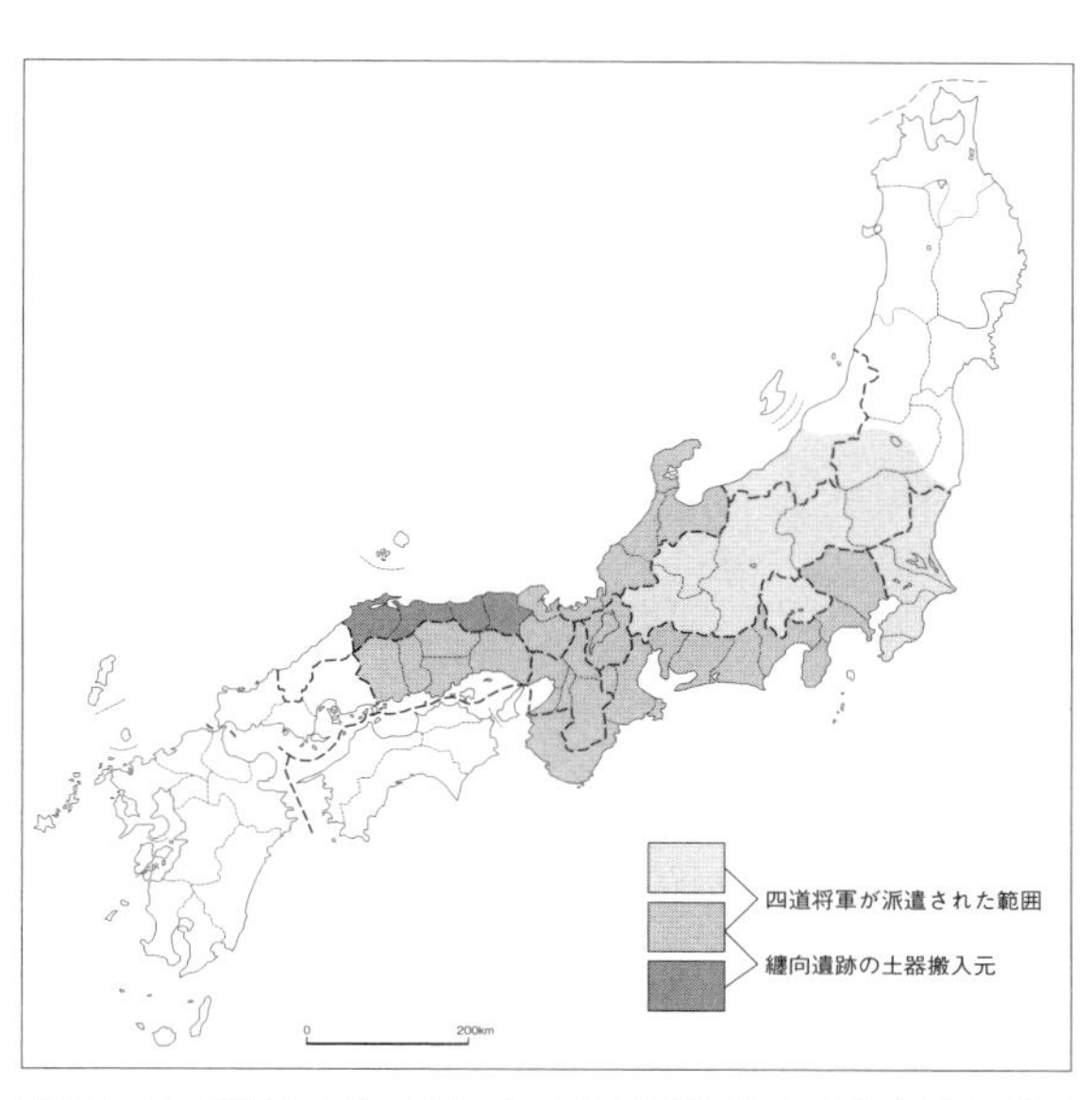

図24　四道将軍の派遣地域と纒向遺跡出土土器産地の範囲

纒向遺跡に土器が供給された地域と先にあげた四道将軍の派遣記事に出てくる地域とが、ほぼ重なっていることがわかると思う【図24】。

これは考古学的には、石野博信が主張するように、ヤマト王権が、出雲を含む吉備・東海などの連合体制の中で発足したという考えにつながっている。(註8)

こうしてみると、津田が言う「北部九州にあった邪馬台国が晋のはじめに通商していた時代とその後ヤマト王権が百済に交渉し始めた時代のはざま」の時期には、北部九州の比較的狭い領域の「倭」と、後のヤマト王権に発展する以前の纏向遺跡を中心とする瀬戸内から東海に至る比較的広い領域の共存する時期があったという考え方に筆者は賛成する。

この二つの勢力は、やがて、邪馬台国時代以後、近畿地方勢力の主導で統合されて、新たな「倭」になっていくというのが津田説の根幹である。

筆者は、九州と近畿という二大勢力を考えたが、同じ九州説に立っても高島忠平は、九州以外は近畿だけでなく、吉備・出雲・丹波・東海など諸勢力が地域政権を形成していたとする門脇禎二の提唱する地域国家論(註9)に依拠した多元国家論の立場である。(註10)ここは、筆者の二元国家論とは違う意見である。

第二節　ツクシを取り巻く北部九州の世界

トヨの世界

昔から「豊」と呼ばれてきた周防灘沿岸一帯の地域は、九州島東北部にあり、現在の自治体名では、北は北九州市小倉北区から、南は大分県南端の佐伯市、西は田川市郡に広がっている。このうち宇佐郡も含めてそれよりも西側にあたる地域は「豊前」、宇佐郡より東側にあたる地域は「豊後」とされた。

周防灘に面した九州島西北部を「豊」という名称で呼んだのは七世紀後半とされる。

幸いなことに、元明天皇の詔により、和銅六年（七一三）に各国から提出を求められた『風土記』のうち、『豊後国風土記』が、ほぼ完全なかたちの写本で残されている。その中に「豊」の地名起源譚（たん）が記されている。

「纏向の日代の宮に御宇（あめのしたしろ）しめしし大足彦の天皇……豊前の国仲津の郡中臣の村に往き到りき。時に、日晩れて僑宿（やど）りき。明くる日の昧爽（あかとき）に、忽ちに白き鳥あり、北より飛び来たりて、此の村に翔（かけ）り集ひき。…鳥、餅と化為（な）り、片時（しまし）が間に、更、芋草（いも）数千許株と化りき。花と葉と、冬も栄えき。菟名手、見て異（あや）しと為（おも）ひ、歓喜（よろこ）びて云ひしく、「化生（なりかは）りし芋は、未曾より見しことあらず。實に至徳（みめぐみ）の感、乾坤（あめつち）の瑞なり」といひて、既にして朝廷に参上（まいのぼ）りて、状（ことのさま）を挙げて奏聞しき。天皇、ここに歓喜び有して、即ち、菟名手に勅りたまひしく、「天の瑞物、地の豊草なり。汝が治むる国は、豊国と謂ふべし」とのりたまひ、重ねて姓を賜ひて豊国直といふ。因りて豊国といふ。後、両つの国に分ちて、豊後の国を名と為せり。…」

地名起源は、伝承の要素が強いので即座に事実とすることはできないが、豊は「豊饒（ほうじょう）」が語源になっているように、豊かな地であったことは変わりない。また、これに書かれている「仲津（なかつ）郡中臣村」は津田左右吉も豊前の中心としてきたところでもあるし、近年、七世紀～八世紀の国指定史跡福原長者原（ふくばるちょうじゃばる）官衙遺跡が発見されたことも注目される。[註11]

平安時代の十世紀前半に作られた「倭名類聚抄」によれば、「豊」は「豊前」と書いて「止與久邇乃美知乃久知」とあるから、当時は「豊」を「トヨ」と呼んでいたことがわかる。「みちのくち」の意味は、当時の近畿地方にあったヤマト王権から見て、豊を「通る道の近畿地方に近い方」という意味である。もっとも、その地域の人が、いつ頃から「トヨ」と呼んでいたのかは不明である。

津田左右吉は、『豊後国風土記』にトヨ国の直が仲津郡中臣村にいたように書いているので、トヨというのももともと豊前が中心であったと考えた。一方で、『日本書紀』神武天皇条にウサ国造を「トヨ国のウサ」と書いているので、トヨというのは、やや広い範囲の漠然として地名がもとになったと推定した。(註12)

『筑後国風土記(逸文)』には次のような文章がある。

「筑紫君磐井、豪強く暴虐くして、皇風に偃わず。生平けりし時、預め此の墓を造りき。俄にして官軍動発りて襲たんとする間に、勢の勝つましじきを知りて、独自、豊前の国上膳の県に遁れて、南の山の唆しき嶺の曲に終せき。ここに、官軍、追い尋ぎて蹤を失いき。」

この文章の中で注目したいのが、磐井が逃げた先が「豊前の国上膳」とする伝承が残されていることである。ツクシの中でなく、トヨへのいわゆる国外逃亡を図るという言い伝えである。真偽のほどは分っておらず、『筑後国風土記』の文章だけに、地域の人々の生き延びてもらいたいという義経－ジンギスカン伝承のような思いが込められたのかもしれない。

筆者はトヨの地域は、ツクシに含まれていない、かといってヤマトにも含まれていない独自の地域と考えている。邪馬台国時代のトヨの遺跡については、以前の著作で触れている（『初刊改訂』第四章第二節）が、行橋市延永ヤヨミ園遺跡では、当時、九州では唯一の例である纒向遺跡と同じように、水の祭祀を行う木樋（もくひ）と呼ばれる施設が発見されたり、みやこ町国作（こくさく）八反田遺跡では、重要な祭器である青銅器をバラバラにして廃棄した遺跡があったり、さらに、どこそことなく周防灘沿岸部では、弥生時代終末に瀬戸内の土器が多量に入ってくるなど、邪馬台国時代には、ツクシと同じ政治的文化圏に属しているのではなく、ヤマトの方を向いた独自の社会を持っていたということを述べた。そして、そこには環濠集落や弥生時代後期の大集落が発見されていて、北部九州における、有力な政治集団が育っていたことを示している。

筆者が邪馬台国北部九州説をトヨを外して筑紫平野に限定する「ツクシ説」とする理由である。

国境としての筑豊地域

邪馬台国時代の「筑豊（ちくほう）」について考えてみたいと思う。筑豊という呼称は、近代に入って出てきたものである。その地域は、福岡県の中央部にあって、遠賀川水系の流域にあたる。現在、筑豊という名で呼ばれている通り、まさに「筑紫」と「豊」の中間にあると言える。地政学的に北側から遠賀、鞍手、嘉穂、田川の四地域単位に分けられる。近年の考古学的調査でも、その四地域が、土器の形や古墳の作り方などで微妙に違っていることが分かってきた【図25】。

さて、この四地域のうち嘉穂・鞍手・遠賀は、筑前に属し、田川は豊前に属している。こうした

図25　筑豊の四地域

地域分けが行われたのは、七世紀の天武天皇の時代である。この地域分けには、政治的な意図があった。天武天皇の中央集権国家は、本格的に地方の統治に手を付けた最初の政権であった。そのために敢えて不合理な地域分けをして、一つの平野に権力が集中しないような国分けをした。本来、遠賀川水系に属す同じ筑豊でも、田川地域だけが豊前国に入っているのはそうした理由からである。

筑豊地域は、江戸時代までその国分けが保たれていたが、明治時代以後、この地域の人たちは、こうした地域分けを不合理と考え、遠賀川流域を「筑豊」という呼び名でまとめて呼ぶようになった。特に、近代になって炭鉱の開発が、一気に遠賀川流域の経済的な結びつきを強めて以来、現在では、豊前に入る田川を含めて完全に「筑豊」で通るようになった。

ところが、今でもかつての国分けの名残がある。その一つの例が衆議院の選挙区である。嘉穂・鞍手・遠賀は福岡八区に、田川は福岡十一区になっている。歴史的な制度を変えるのには時間がかかる。

それでは、『古事記』の時代の地域性でみると筑豊地域はどこに属すのだろうか。まさしくその名が「ツクシ」の「筑」と「トヨ」の「豊」の境にある。

国境の歴史を考察したブルース・バートンは、明確な線という形で表現される国境は、政治学・地理学では「バウンダリー」と呼ばれ、それ以前の前近代的な境界は「フロンティア」と呼ばれ、あいまいで透け透けなものとした。その「フロンティア」五つの特徴を上げている。

1、人口・人口密度が少なく、国と国との間に社会的な「空間」がある。

2、権力の支配が及ぶ区域が、中心から離れるにつれ、支配の強度が薄れて明確な「国境」が形成されなかった。

3、権力の支配する対象が、土地そのものでなく、そこに住む人々の支配だけであって、土地そのものの支配権はそれほど問題にならなかった。

4、土地に対する領土主権、排他的支配権という概念が生まれてなかった。

5、住人にとって、国家に帰属するナショナルアイデンティティがなく、むしろより具体的な自分が帰属する血縁・地縁集団がアイデンティティの決定要因であった。

以上によって、前近代的国境の概念が、明確な線でなかったことを明らかにした。

前近代社会では、狩猟採集社会にも土地や資源の占有は認められるが、弥生時代に入って集約的な農耕社会では土地との結びつきが強化され、その自然経済的な境は、半ば自然発生的で、かつ「線」というより「面」的な幅をもっていたという。しかし、政治的な境界となるとそれは為政者（間）の意図によることとなり、そこでは曖昧（あいまい）さは排除され、明確さが求められる。近現代の国境がその代表

であるとされた。[註13]

近江俊秀は、自然発生的な境界であったものが、弥生時代に入ってから、土地の開発による土地所有の概念が強く認識され、その境を「越えるべからざる境界」と表現した。そして次のように書いている。

「戦争を繰り返すうちに集団が次第に統合され、「クニ」とよばれる大集団が形成される。大集団どうしは時に連携し、時に反目し合いながらも、互いに集団の力を強化するために、活発な交流を行い、先端技術や文化を摂取していったようである。こうした軋轢と交流の中で、次第に集団の領域を分ける「越えるべからざる境界」が現れた。やがてそれは、邪馬台国の卑弥呼に代表されるような、大集団の連合体により推戴された王を生み出すことになった。[註14]」

筑豊という地域は、邪馬台国時代には、ツクシとトヨの政治的中心から離れた境界「フロンティア」であったというのが筆者の意見である。

立岩以後の遠賀川流域

筑豊地域では、確かに弥生時代中期後半に隆盛を迎えた時期があった。飯塚市立岩遺跡付近で生産された立岩産石包丁は、その流通を通して、経済活動の中心となった。立岩遺跡のように、中国の前漢時代の鏡十面など、中国製品を多量に副葬した遺跡が出現し、その時点での繁栄は目を見張るものがあった。

そのために、この飯塚周辺を、邪馬台国時代に入ってからも一つのクニとみる案が提示され、現在でも多くの人はそれに従っている。そして、そこを不弥国だという声も聴く。

ところが、邪馬台国時代の弥生時代後期には、実際どうなのだろうか。立岩遺跡の繁栄をもたらした弥生時代中期の人たちは、いったいどこに行ったのだろうか。そう思えるほど、この地では弥生時代後期には遺跡が急激に減少している。かつては、弥生時代後期は、集落が低地へ進出したと解釈されたこともあった。その根拠の一つが、低地に当たる飯塚市役所遺跡から下大隈式（弥生時代後期）の土器が出土したことである。この遺跡を含めて弥生時代後期に該当する遺跡、特にまとまった弥生時代後期の集落は認められないことは、以前の著作でも述べたとおりである。（『初刊』の図35）。立岩遺跡周辺では、弥生時代後期には小規模な二遺跡しかみつかっていないのが現状である。

立岩遺跡の勢力は衰退し、周囲の小規模な遺跡に拡散するという指摘がある。[註15] それでも、筑紫平野の遺跡のように、一遺跡から百軒以上の住居跡が発掘されるようなことはない。

筑豊地域には、まったく邪馬台国時代の拠点的な集落がないというわけではない。遠賀川上流嘉麻市の椎木（しいのき）・馬見（うまみ）遺跡群は全体として東西一キロメートル、南北一・七キロメートルの規模と想定されている。しかし、遺跡全体の規模は大きくても、筑紫平野の遺跡のように密度の濃い集落は形成されず、集落も川や谷によって分断され、これだけの集落にもかかわらず環濠を作っていない。こうしたところが、ツクシ、あるいはトヨの拠点的な集落とは異なっているところである。

立岩遺跡から椎木・馬見遺跡群までは、南南東に約二十キロメートルの距離がある。弥生時代中期

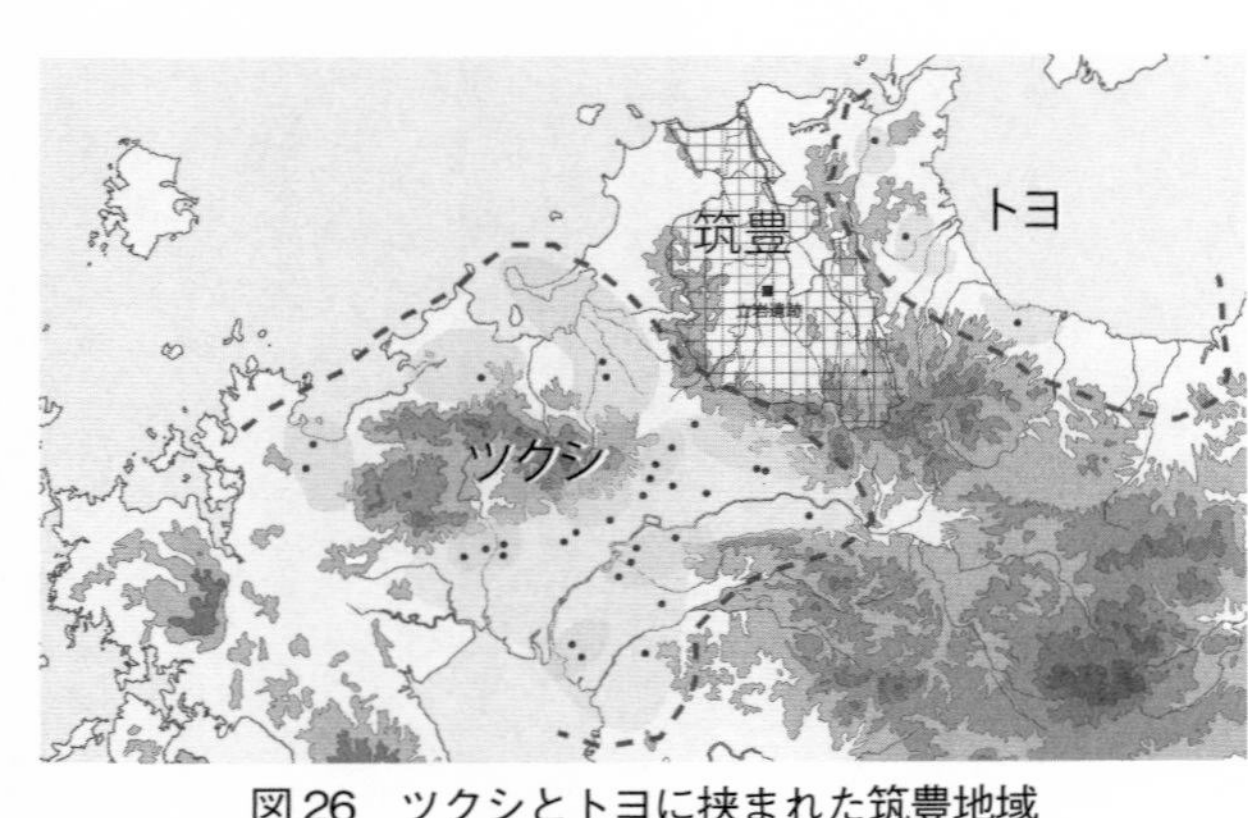

図26　ツクシとトヨに挟まれた筑豊地域
（点は主要遺跡を示す）

後半の立岩遺蹟を営んだ集団の権力を継承する先として、強いてあげれば、この椎木・馬見遺跡群は最も有力な移転先とみてよいのかもしれない。ただし、人が動いたかどうかということはわからない。弥生時代中期に栄華を極めた立岩遺跡ではあるが、筑豊地域でそれを継承・発展するような遺跡は、弥生時代後期、邪馬台国の時代には確認されているわけではない。

このようにみると、この筑豊地域は、ツクシとトヨのはざまにあって、先にバートンが挙げた境界の五要素を満たす場所とみることができる。弥生時代の終末には、九州北半の地域を全部まとめて、「北部九州」と称して、一つの政治圏を考えがちである。特に九州以外の地域から見れば、玄海灘沿岸も周防灘沿岸も一つのように思われがちである。しかし、トヨはトヨとして、ツクシとは違うクニ連合であった。そして、この筑豊地域は、ツクシとトヨの両勢力からみるとまさに中間の境界付近になる【図26】。

第三節　ツクシの南、狗奴国の問題

ヒの世界

『日本書紀』（継体天皇二一〜二二年）の筑紫君磐井の乱では、磐井は「磐井、火・豊、二つの国に掩（おそ）い拠りて、使修職（つかえまつ）らず。」と書かれている。つまりここでは、明らかにヒ（火）の地域を筑紫とは区別して書いている。さらにその後の安閑天皇二年（五三五）では、磐井の乱で支配力の強まったヤマト勢力が「筑紫・豊国・火国」に屯倉を設置したと書かれている。したがって、国の領域が定まる七世紀以前の六世紀前半ころには、すでに肥（火）は、筑紫とも違うし、豊とも違うという認識のあったことが、この文章からわかる。

『肥前国風土記』に肥の地名起源に関する説話が載っている。

それによると、肥前国は、もと肥後国と合わせて一つの国であった、というところから始まる。

昔、崇神天皇の世に、肥後国、益城郡の朝来名の峰に、土蜘蛛（つちぐも）の打猨（うちさる）・頸猨（くびさる）の二人がいた。百八十余人の手下をひきいて天皇の命令に従わず、降伏しようとはしなかった。朝廷では肥君らの祖先になる健緒（たけお）組を遣わしてこれを討伐させた。そして健緒組は、国内を視察して歩いたが、そのとき八代郡の白髪山（しらかみやま）に火が降下して山に燃えついた。それを見て健緒組は、朝廷に火の有様をお聞かせした。すると天皇は、火が下った国であるから火の国というべきであると言い、健緒組に、火君健緒組という姓名を賜わり、火の国を統治させた、というのである。

また別の説話では、景行天皇が、熊襲を誅滅して国を巡察した時、葦北から船出して、火の国に向かったところ、日が没して船を着ける場所がわからなかった。ところが、突然行く手の前方に火の光が見えたので、天皇はまっすぐに火のところを目指して行くと、海岸に着くことができた。天皇はその土地はどこかと、土地の者に聞くと、その者は、火の国の八代郡の火の邑だといった。そこで天皇は群臣に対して、この燃える火は人間の火ではなく、ここを火の国と名づけたわけがわかったといった。

どちらの説話も火の起源は、有明海に浮かぶ不知火（しらぬい）になっている。火の起源が有明海の不知火であれば、「肥」の起源は、肥後のことになってくる。

ここで問題となるのが、肥前、今の佐賀県や長崎県の扱いである。今までの研究では、大きく二つの考え方に分かれている。もともと、肥とは肥前のことを言ったと考える津田左右吉と、もともとは肥後であったと考えるその他の研究者がいるが、その代表が吉田東伍である。

吉田は、肥前について次のように書いている。

「按に本州は肥後と土壌を接せず、唯海湾を隔て、相望むのみ、肥後は古への火国なれど、肥前は火国の域内に非ず、蓋国郡制置の日、火国火海の西隣なるを以て、推して火前の号を命ぜるのみ、火海は今筑紫海又前海と云ふ。」

また、肥後の説明にも

「肥後は古への火国なり、国郡制定の日、西北対岸の地を併せ、更に前後の二州に分たる、而も其火国の称は元八代地方に起ると云ふ。」

以上のように、明確に国郡制設置以前には、「火」とは肥後のことだと断言している。(註16)

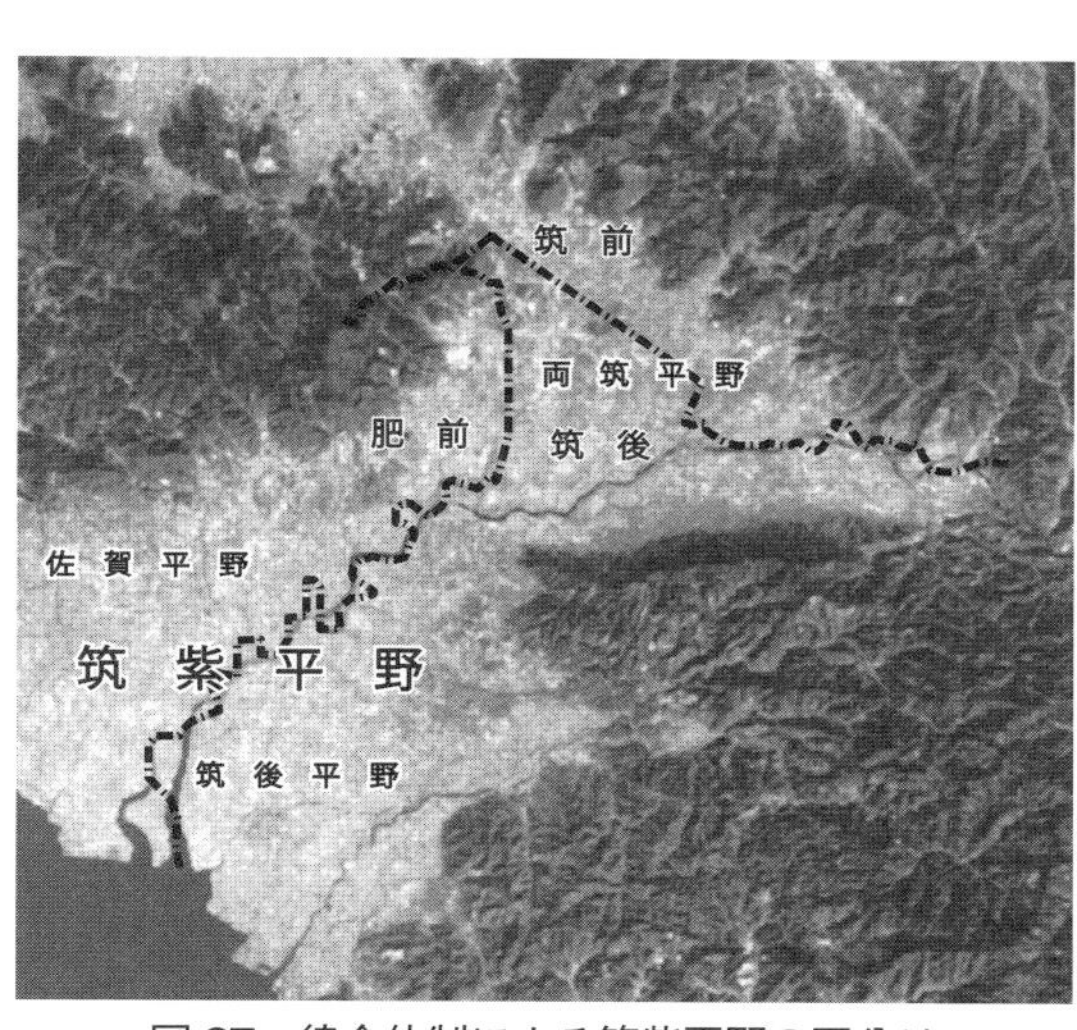

図27　律令体制による筑紫平野の国分け

筆者もこの説に従いたいと思う。

そうすると肥前は、どういう位置付けになるのだろうか。肥前と筑後は、七世紀に天武天皇によって政治的に分けられたものである。当時の筑後と肥前の境は、平野を南北に走る直線と筑後川である。ツクシの項でも述べたように、もともと肥前は、ツクシに含まれていたのであろう。実際、地図をみても佐賀平野は、筑紫平野に含まれている【図27】。

佐賀平野が、もともとヒに属さないとなると、ヒと呼ばれる地域は、もう一つのヒ＝現在の熊本県を中心とする地域ということになる。『魏志』倭人伝には、ヒという言葉は出てこないが、記紀神話にはそれを指すと考えられる地域がある。筑紫の南側にあって、神話では建日向日豊久士比泥別（たけひむかひとよくじひねわけ）とされた地域である。ここは白鳥庫吉をはじめ多くの人によって「狗奴国」と考えられた。筆者もそれでよいと考えている。

狗奴国は、邪馬台国同様、何処にあったのかという点については、諸説ある。詳細を省くが、研究史を紐解くと、菊池川流域、球磨郡、日向などが狗奴国の所在地として想定されてきた。一方、近畿説では、紀伊、毛野がある。最近は、考古学の立場から纏向遺跡で発見された多量の東海系土器を根拠に東海地方を有力視する向きもある。

筆者は、菊池川流域を狗奴国の本拠地と考えているので、次に狗奴国＝菊池川流域説について述べてみたい。

菊池川流域の地形

狗奴国熊本説で注目すべきことは、明治時代に発表された内藤湖南・白鳥庫吉の両説である。近畿説、九州説の違いはあるが、ともに狗奴国の男王、狗古智卑狗（ククチヒク）の音「くくち」が、倭名類聚抄に書かれた菊池の古い音「久々知（くくち）」に共通するという点を重視している。ただし、白鳥は、邪馬台国の位置を考える際に、狗奴国は邪馬台国の南になければならず、その狗奴国は熊襲であるから、邪馬台国は、その北側の有明海沿岸（熊本県）と考えた。現在の地名で言えば玉名付近一帯になる。「菊池平野」とは具体的に書いていないものの、初めてその地を邪馬台国にあてた研究である。

日本地図をみると、熊本県の一番北にある平野は、「菊池平野」と書かれている。大きくみれば、菊池平野は、菊池川の流れによって作られた沖積平野で、律令の施行により、下流域の玉名郡と中流域の山鹿郡・山本郡・菊池郡に分けられ、現在の市町村名では、上流側から菊池市・山鹿市・和水（なごみ）町・南関（なんかん）町・玉名市に当たる。その南には白川流域に広がる熊本平野がある【図28】。

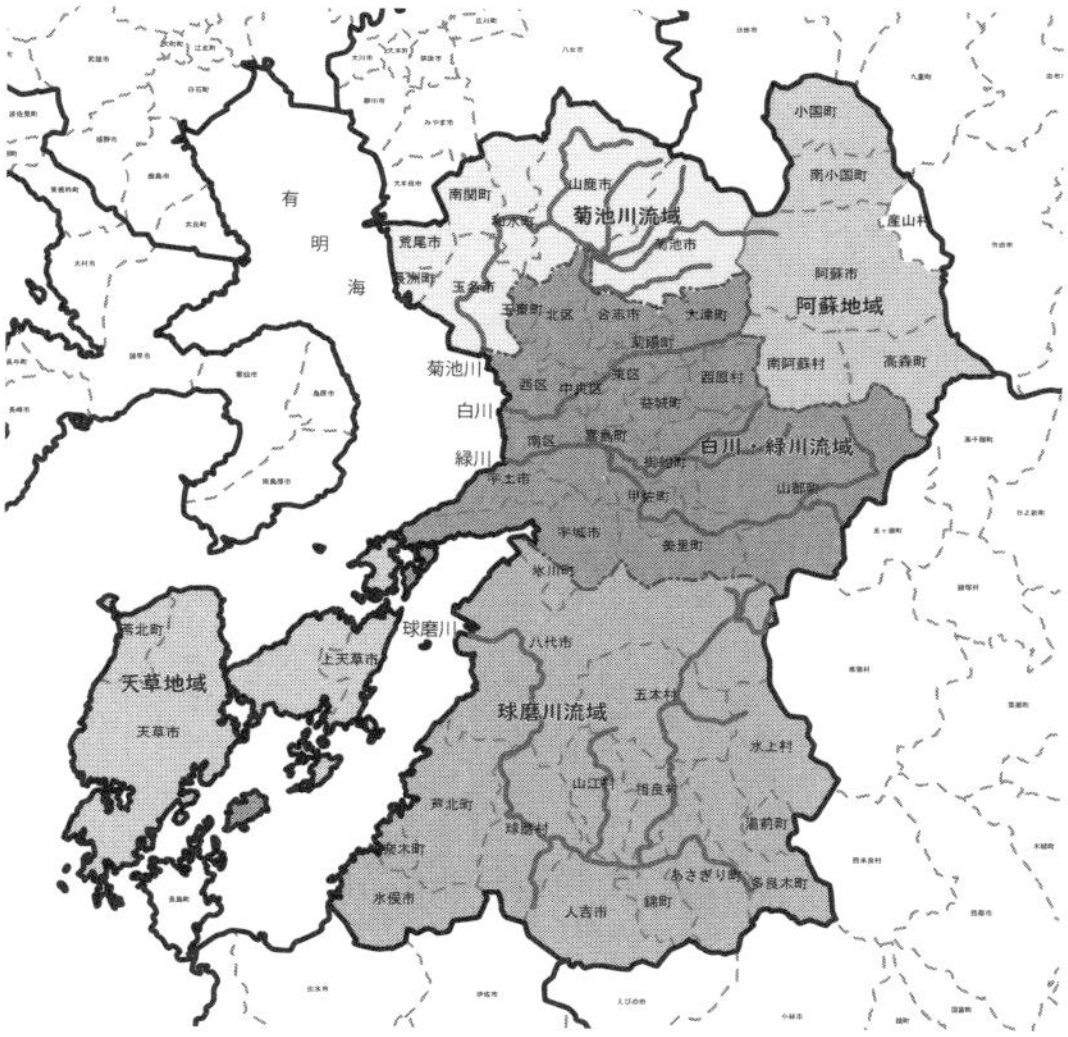

もう少し詳細な目でみると、菊池平野は、現在菊水インターチェンジがある付近の地峡帯によって、菊池川中流域の菊鹿（きくろく）盆地と下流域の玉名平野に分けられる。菊鹿という名称は、旧菊池郡の菊と旧鹿本郡の鹿をとって名付けられた。この二地域の邪馬台国時代遺跡には、差が認められる。それは、この地域の弥生時代後期社会の構造を解くカギになるかもしれない。ひいては、『魏志』倭人伝に書かれた「狗奴国」の構造を考えるうえでも、ヒントになるかもしれない。

図28　熊本地域分け

筆者は『初刊』でも書いているが、邪馬台国連合＝筑紫平野説なので、筑肥山地を挟んだ南の地、菊池平野を狗奴国の中心と考えた。

この考えは、最初に邪馬台国ありきで、狗奴国の位置を後付けして考えたというだけではない。以前から菊池平野の弥生時代後期の遺跡には注目していたところである。

邪馬台国時代の菊池平野の特徴

熊本県における環濠集落の数は、かなりの数に上る【図29】。

一九九〇年代の調査では、熊本県全体の環濠集落の中でも菊池川流域における環濠の発見が多いことが知られていた。[註17] 遺跡の発見というのは、現代の開発に伴うことが多い。つまり、豊富な遺跡が眠っていても、何かの開発によって、地面が掘られなければ発見される機会がぐっと減るのである。そうした意味では、菊池川流域のように、現代の開発が少ない場所でも、これだけの環濠が確認されているのは、やはり多いということができる。特に、山鹿市方保田東原（かとうだひがしばる）遺跡、菊池市小野崎遺跡、同うてな（台）遺跡は、それぞれの距離が四キロメートルで、ちょうど正三角形のように配置されている。

近年、熊本の弥生時代後期遺跡の集落の多くを環濠集落として再評価する動きがある。[註18] しかし、個々の遺跡を詳細にみていくと、かつて環濠集落とされた遺跡が、環濠ではなかったり、まだ確証が持てる例は多くないようである。

筆者が、最初に菊鹿盆地に注目したのは、拠点となる方保田東原遺跡を中心に小野崎遺跡、うてな遺跡の環濠集落が集中している点である。これは後で詳しく述べることにする。

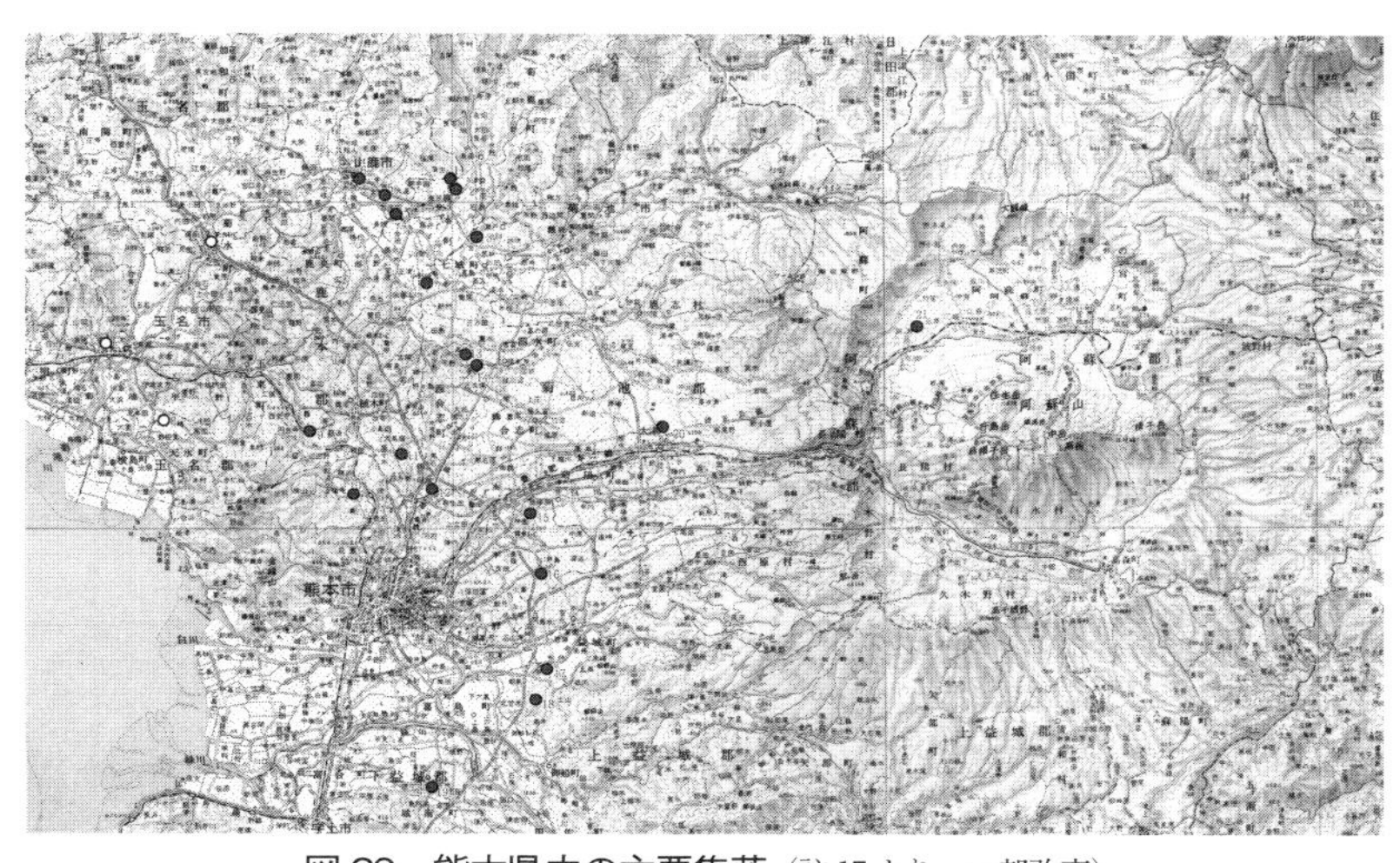

図 29　熊本県内の主要集落（註 17 より、一部改変）
（黒丸は環濠集落、白丸は環濠のない集落）

それから、次に注目した点は、菊鹿盆地の遺跡を中心にして、鉄器の出土が異常に多い点である。一九八〇年頃から、熊本県地方では、弥生時代後期後半から古墳時代初頭にかけての住居跡から多量の鉄器が発掘されるようになった。必ずしも菊鹿盆地に限ったことではなく、もう少し広い範囲でみると熊本平野の大津市西弥護面（にしやごめん）遺跡、阿蘇地方の阿蘇町下扇原遺跡、狩尾（かりゅう）遺跡群、下山西遺跡などから多量の鉄器が出土している。

それだけの鉄資源をどのように確保したのか、とても朝鮮半島からの鉄素材に頼れる量ではない。熊本県の遺跡では、狩尾遺跡群湯ノ口遺跡などで、製鉄の可能性をうかがわせる鍛冶遺構や製鉄をする際に出る鉄くず（鉄滓）が出土している。しかし、まだ製鉄が確実に行われたことを示す炉やふいごなどは確認できていない。近年、阿蘇地方では、阿蘇黄土（リモナイト）と呼ばれる鉄分を多量に含んだ土から、鉄を作り出したのではないかという意見が出ている。もちろん可能性はあるが、それを使って鉄を製造した遺構や遺物の出土が望まれる。

どうしてこのように多くの鉄器が出土するのだろうか。たくさん生産するが、たくさん廃棄もされている。廃棄するくらいの量があるならば、鉄の足りない集落に分配すればいいと思うのは、現代人の発想であろう。村上恭通は、鉄がこの地域では過剰に生産され、それを周囲の地域に配分するようなシステムができていないために、一定地域だけに集中して、鉄器が流布した可能性があることを指摘している。[註19] 私たちは、当時の流通を過大評価していたのかも知れない。鉄器の出土量をみると、筑紫平野とともに菊池平野、熊本平野も、鉄器文化の中核をなしている状態であることがうかがえる。鉄製品という実用の武器、農工具の量を見ると、倭内でツクシに対抗できる唯一の勢力ともいえるのが、現在の熊本県地方である。

このように、菊池平野は環濠と鉄に焦点を当ててみると、そこに有力な政治勢力があったことをうかがわせる地域である。

肥の土器文化

神話の世界でも、ツクシとヒは別世界に描かれているが、邪馬台国時代にも、ツクシとヒは考古学的にその差が認められるのであろうか。

ヒ（熊本）特有の土器には、免田（めんだ）式土器と呼ばれるヘラで重弧文や複数の平行線をつけて、そろばんの珠のような形をした胴に細長い口がつく土器がある。早くからこの分布が一つの文化圏を象徴するものだとされてきた。筑紫平野にもこの土器は、わずかに認められるが、やはり肥後特有の土器である【図30】。それから、日常容器として特徴的なものに甕の底に脚が付くものがある。甕に脚の付くものは、筑紫平野にもみられるが、全体の甕の量の中でその割合が少なく、脚があまり発達せずに、高さが低い。一方、菊池平野以南の地域では、甕の中で脚の付くものの割合が高いことと、その脚が大きく発達するという特徴がある(註20)【図31】。

それでは、菊池平野と熊本平野は一つの文化圏だろうか。そ

図30　菊池川流域の脚台付土器（小野崎遺跡）と白川流域の脚台付土器（西弥御免遺跡）と免田式土器（入口遺跡）（註21より）

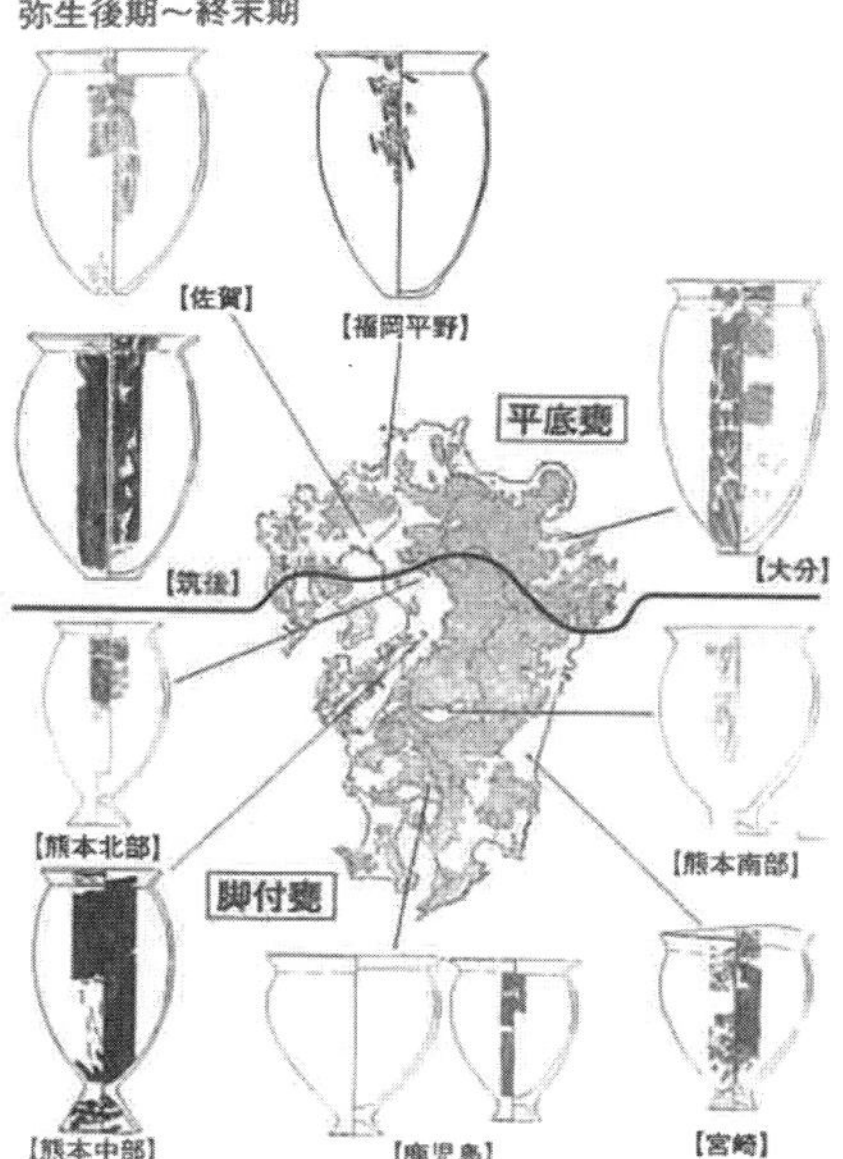

図31　甕の脚付の違いを示す図
（註20より転載）

1960～70年代	中期後半		後期前半		後期後半			その後			乙益重隆 高木正文 野田拓治
	黒髪式		免田式		野辺田式			古閑式			
1990年代以後			後期初頭	後期前半	後期後半			弥生時代終末?古墳時代初頭？			中村幸史郎 西住欣一郎 木崎康弘
			黒髪Ⅱ式								
					野辺田1式	野辺田Ⅱ式					
						野辺田Ⅱａ式	野辺田Ⅱｂ式				
				津袋Ⅰ式		津袋Ⅱ古式	津袋Ⅱ新式				
				うてなA式				うてなB式 （弥生時代終末）	うてなC式 （古墳時代初め・庄内式平行）		
				方保田東原 Ⅱ－ａ式		方保田東原 Ⅱ－ｂ式	方保田東原 Ⅲ－ａ・ｂ式	方保田東原 Ⅳ－ａ・ｂ式 （庄内期）		方保田東原 Ⅴ式 （布留期）	
2011年					大原Ⅳ期	大原Ⅴ期		大原Ⅴ～Ⅵ期		大原Ⅵ期	檀佳克

図32　菊池川流域の弥生時代～古墳時代の土器編年表
（縦の太い線は弥生時代と古墳時代の境）

こには少し差が認められる。それを土器からみていくことにしよう。厳密にみると、菊池川流域の菊池平野と白川流域以南の熊本平野でも差がある。かつては熊本特有の土器とされた免田式土器は、近年になって菊池平野からはあまり出土していないことが明らかになってきた。また、甕に脚が付く特徴も、菊池川流域の脚よりも、熊本平野側の白川流域や緑川流域のほうが、より大型化することがわかってきた。細かくみると、ほかにも違いがあるが、ここでは象徴的な土器の脚台について比較しておいた。つまり土器文化だけで考えれば、菊池平野と熊本平野は、文化圏が異なると言える。

神話では、熊本県の中部から北側は建日向日豊久士比泥別と呼ばれる地域で、その南には、薩摩まで続く建日別があり、かつての隼人(はやと)の領域であった。こうした神話の世界観は、考古学的にも認められる。

もう一つ、近年の土器研究で気になるところがある。それは、かつて熊本の研究者の多くは、近畿地方で庄内式土器が出現すると肥後でもその土器段階（かつては古閑(こが)式と呼ばれていた）を古墳時代と考えていたのであるが、最近では遺跡調査が進んで、在地の土器文化に象徴される肥後社会全体が、必ずしも近畿地方の古墳時代の開始と同時に古墳時代に移行したと考えていないところである。

菊池平野の代表的な遺跡である方保田東原遺跡では、出土した土器のⅣ－a・b段階は、庄内式土器並行＝古墳時代と考えられてきた。(註22) その後、同じ地域のうてな遺跡では、その前半（うてなB式土器）を弥生時代終末にあてる見解が出され、さらに玉名市大原遺跡では、それまで庄内式土器並行と考えられてきた土器群が、すべて弥生時代の範疇に入るものと認識されてきた【図32】。

菊池平野の邪馬台国時代遺跡

菊池川は、阿蘇外輪山に源を発する全長七十キロメートル以上、流域面積約千平方キロメートルの一級河川である。有明海に注ぎ入るまで、その流域には豊かな穀倉地帯が広がり、流域に町が発展した。

菊池川流域のうち、下流域に当たる玉名平野の遺跡の状況をみていくことにする。

玉名平野の中心玉名市は、有明海に面する百五十二平方キロメートルの市だが、現在の市街地の大半は、少なくとも縄文～弥生時代には、海ないし低湿地で、平地の半分以上は干拓・埋め立てによって作られた町である【図33】。北西側に標高五百一メートルの筒が岳を主峰とする小岱(しょうたい)台地があり、東側には標高三百八十三メートルの国見山があって、平野の三方を山地・丘陵に囲まれている。

この玉名市では、近年の調査で、玉名市街地の西側丘陵地帯に大きな弥生時代後期遺跡群がみつかっている。これらは、北側から東南大門遺跡、南大門遺跡・大原(おおばる)遺跡、木船(きぶね)西遺跡、下前原遺跡に

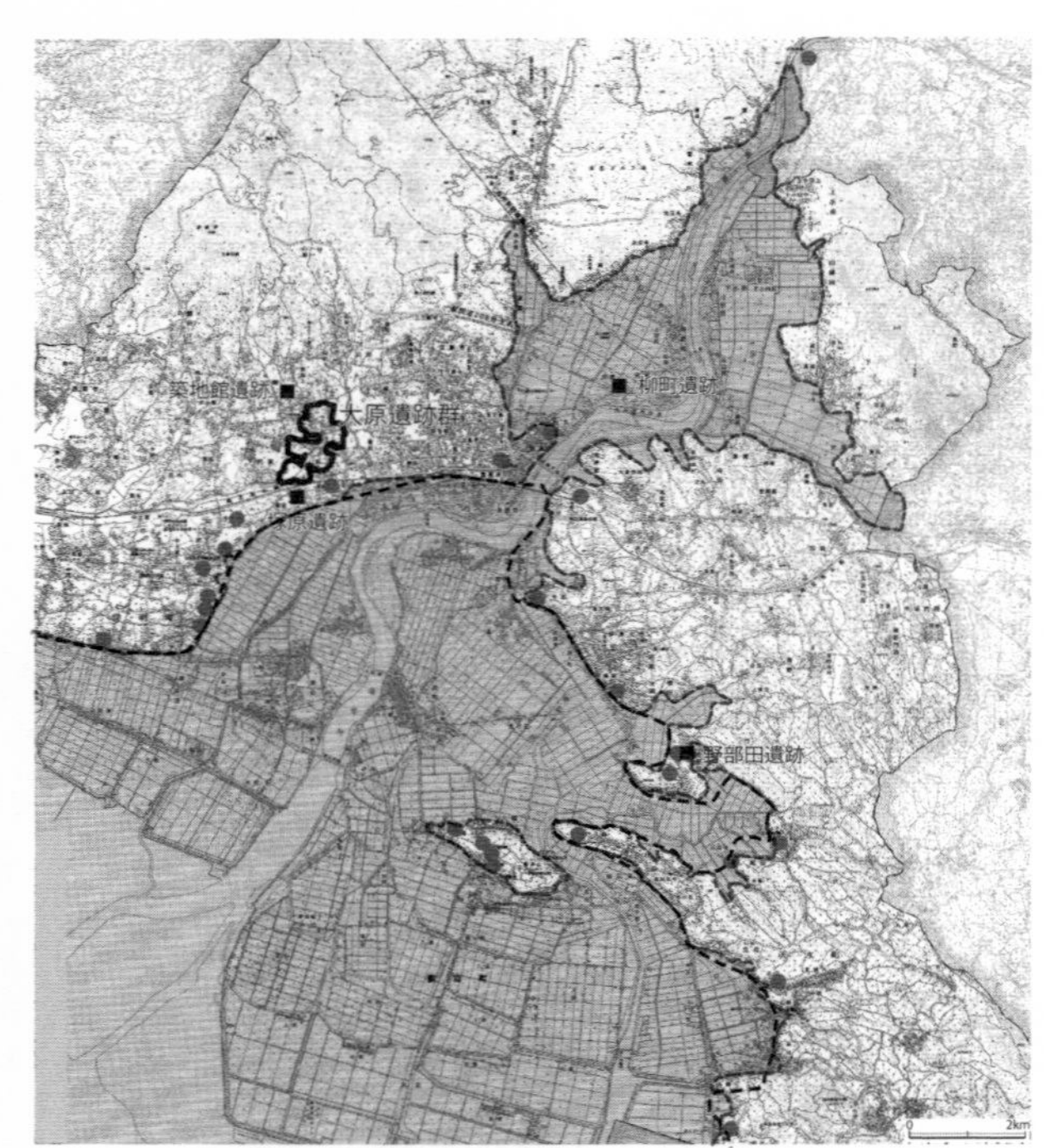

図33　玉名市内の邪馬台国時代遺跡
（黒破線は弥生時代海岸線、薄い１点鎖線は縄文時代海岸線）

分かれて命名されているが、近年の調査では一連のものであることが知られている。仮にここでは、大原遺跡群としておこう。

大原遺跡群の中心を占める大原遺跡は、平成二十四年から二十六年にかけて、遺跡の中央を通る道路建設のために発掘調査された。この中に入る部分だけの調査であるが、図のように弥生時代後期中葉から古墳時代初頭を中心とする多数の住居跡が発掘されている【図34】。この調査以前にも、遺跡の北側では昭和四十二年に箱式石棺墓が調査され、平成元年にも大型木棺墓などが調査され、北側一帯がこの集落の墓域になることが推定された。（註23）

大原遺跡の南西に当たる木船西遺跡は、平成二十三年から平成二十四年に約一年をかけて発掘された。弥生時代後期だけでも竪穴住居が五十二軒発掘された。多数の鉄器やガラス小玉が出土し、舶載の内行花文鏡（二世紀前半製作のもの）も出土している。(註24)

大原遺跡の北側にある東南大門遺跡からは、弥生時代終末期の溝が発掘されているが、環濠になるものかどうかは不明である。墳丘墓の可能性も指摘されているが、実態は不明である。その西側に位置する南大門遺跡からは、竪穴住居跡が発掘され、家形土器、鐸形土製品が発掘されている。

下前原遺跡は、昭和三十二年の調査で、十二軒の竪穴住居跡のうち発掘した一軒の小さな住居で「ビッシャリ（ママ）鉄滓がこびりついていた」床面があり、鉄生産をうかがわせる遺跡として早くから注目されてきた遺跡である。(註25)

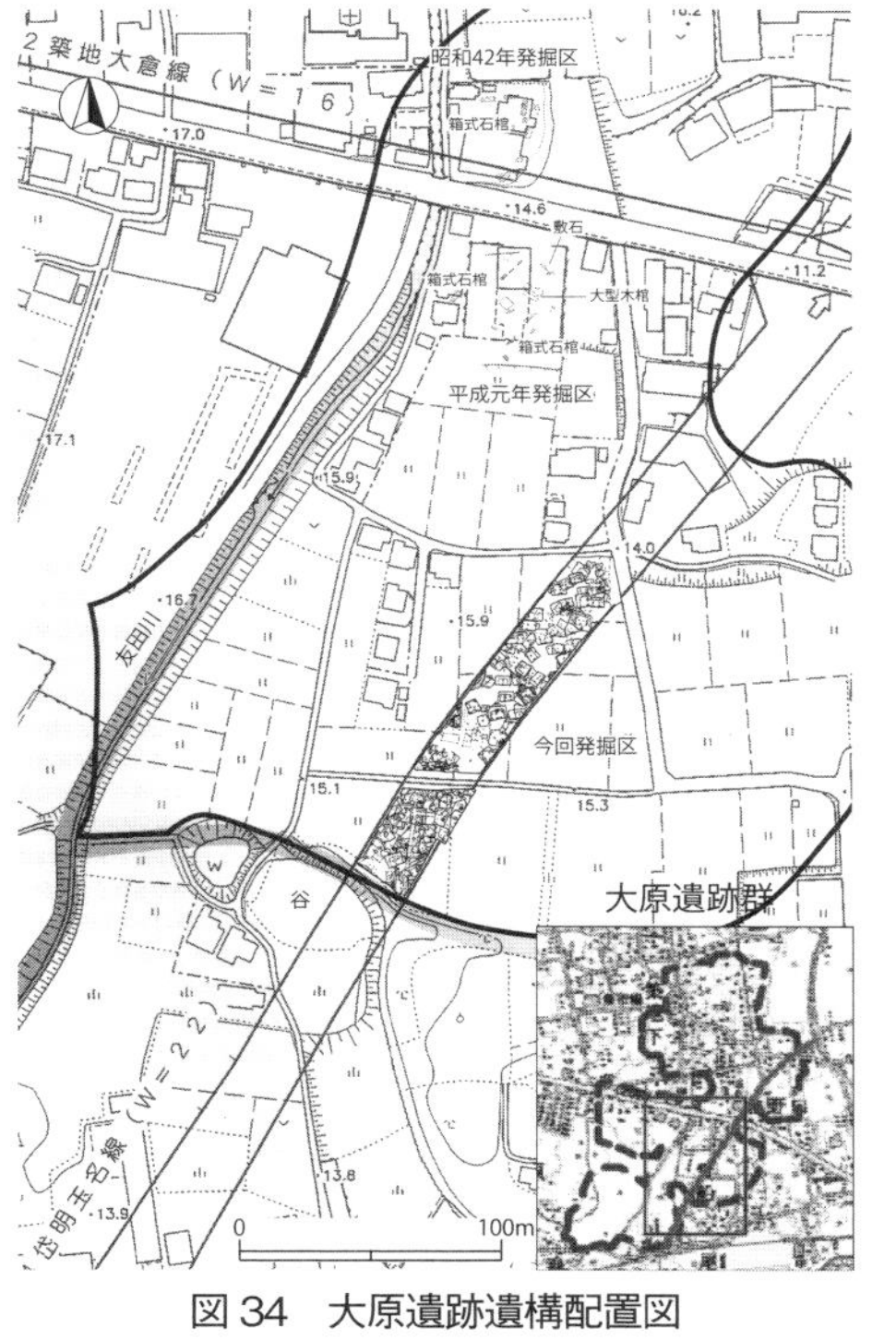

図34　大原遺跡遺構配置図

この一連の遺跡が大原遺跡群ととらえてもいいものであろう。玉名平野で分かっている最大の拠点的集落である。ところが、大原遺跡群では、今のところ邪馬台国時代の環濠はみつかっていない。

この遺跡群の南北には細い谷が

あり、谷を挟んだ南側には塚原遺跡がある。塚原遺跡からは南北方向に幅五メートル、深さ二・二メートルのV字溝が発掘され、環濠と報道されているが、時期は不明である。これらの遺跡からは、弥生時代後期後半から終末の住居跡が発見される。

その他、玉名市内では大原遺跡群から北西に三キロメートルのところに、柳本遺跡がある。平成七年度から十一年度にかけて調査された。玉名平野の菊池川とその支流繁根木(はねぎ)川による沖積地に立地し、標高四・八〜六・〇メートルとかなり低い。繁根木川は、かつて大きく東に蛇行して菊池川に注いだとされている。流路が変わった時期は不明である。調査された土坑からは、古墳時代初頭の木製短甲が出土している。河川の堆積層であるため住居跡などの生活遺構はあまり多くない。

玉名平野東部には、大原遺跡群から内海を挟んで対岸に位置した野部田(のべた)遺跡がある。昭和二十六年に発掘調査された。この遺跡名をとって命名された野部田式土器は、後に熊本の弥生時代後期終末土器の標識とされた。発表された図で見ると、溝の一端が出ていて、長さ二十五メートルほどでコ字形に巡る。一時は、環濠集落と考えられた時もあったが、調査者の田辺哲夫は「方形周溝墓なのであります。」と断言している。(註26)

ここまでが、玉名平野の遺跡である。

筑紫平野の環濠遺跡の場合、多くは、環濠の内側にも意味はよく分からないが、環濠と同じ規模の溝が幾筋も入っている。同じ菊池平野の中でも、方保田東原遺跡や小野崎遺跡でもそうした溝が遺跡の中にあるのだが、大原遺跡群ではそのような溝がみられない。筆者は、大原遺跡群は規模の大きな集落ではあるが、環濠集落ではないとみている。

菊水地峡帯の遺跡

上流域と中流域は、地峡によって分かれる。この地峡に対して地理学的な呼び名はない。ちょうど菊水インターチェンジ付近にあたるので、本書では「菊水地峡帯」と呼ぶことにする。この地峡帯のなかにもやや広い台地があり、ここには、銀象嵌銘をもつ大刀が出土したことで有名な江田船山古墳がある。時代を超えて玉名平野と菊鹿盆地を結ぶ重要な位置を占めていたことがわかる。

その菊水地峡帯にある和水町（旧菊水町）には諏訪原遺跡がある【図35】。諏訪原遺跡は、諏訪原台地の一角にあり、遺跡の規模は、東西四百

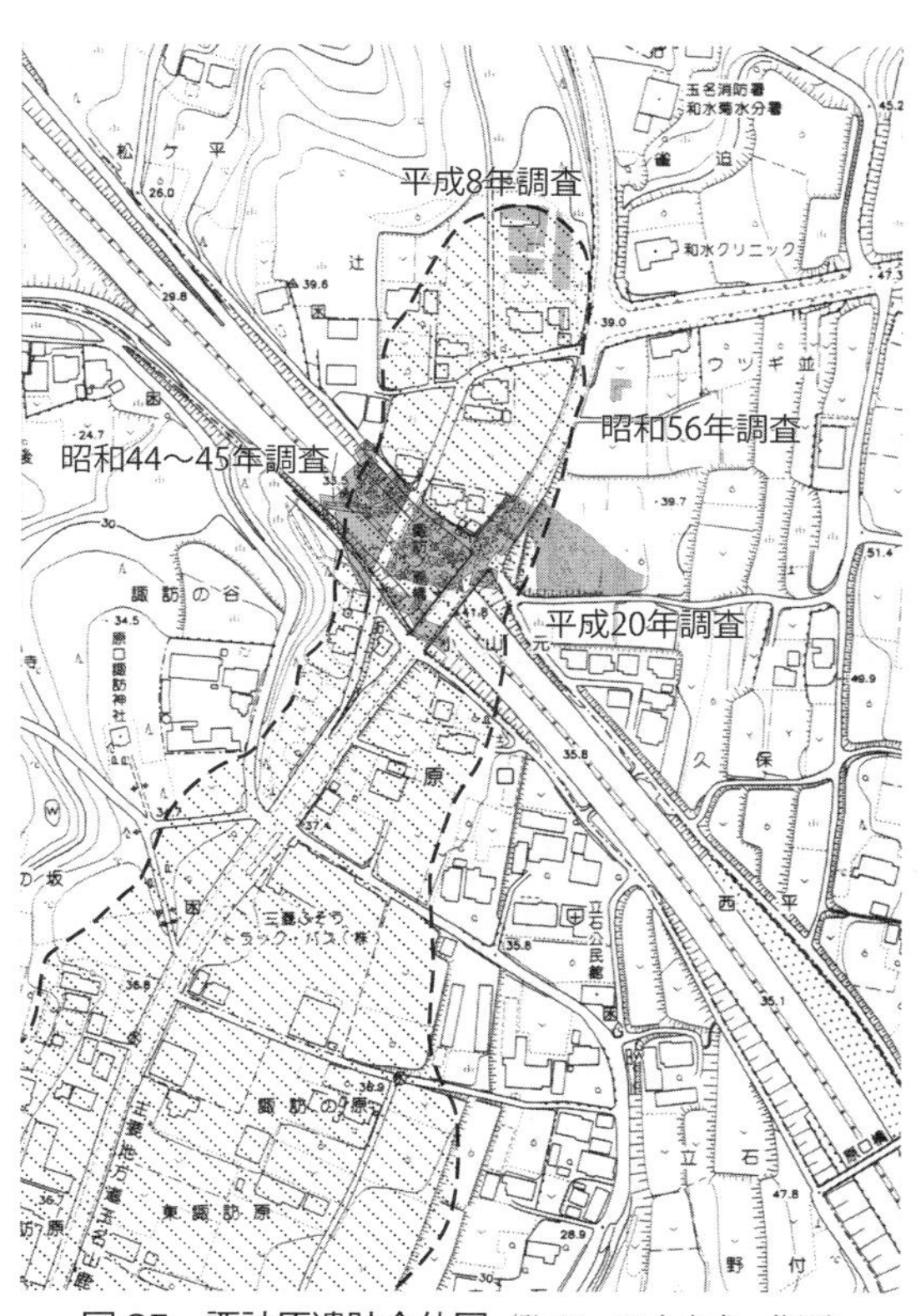

図35　諏訪原遺跡全体図（註27・28を合成・作図）

メートル、南北八百メートルで、ちょうど菊水インターチェンジ東側に当たる。四次にわたる調査が行われているが、一九九五年度の第三次のトレンチ調査では、九軒の弥生時代後期竪穴住居跡が発掘された。調査報告書では、なかなか興味のある内容が書かれているので紹介しておこう。九軒中七軒の住居が焼失家屋である。住居内に、人の足跡が残されていたと報告されている。

一号住居跡の入り口付近には犬と豚の足跡があるとされる。足跡は、大きさに違いがあり、二頭分のものとされている。人の足跡の検出とその分析は面白い。

それぞれの足跡は、一号住居跡は大人二人、子供三人分、二号住居跡は大人二人、子供二人分、三号住居跡は大人三人、子供三人分、四号住居跡は大人四人、子供六人分、七号住居跡は大人二人、子供四人分、八号住居跡は大人五人、子供四人分、九号住居跡は大人三人、子供二人分である。(註27)

『魏志』倭人伝には、

「倭の地は（中略）皆徒跣。屋室有り。父母兄弟臥息處を異にす」

（誰もがはだしである。ちゃんとした家に住み、父母兄弟で寝間や居間を異にしている。）

とあるので、このことを証明するような面白く興味のある分析だが、考古学の世界では、まだ充分な検証はできていない。どうやら弥生人は、はだしで生活していたということがわかる程度で、家族構成などの分析は、参考にする程度にとどめておいた方がよさそうである。

集落の時期は、弥生時代後期後半である。

菊鹿盆地の環濠集落群

菊鹿盆地は、周囲を山で囲まれ、菊鹿平野とも呼ばれる。盆地とは言ってもかつて「茂賀（もが）の浦三千町」と呼ばれる菊池川が作る面積の広い、豊かな穀倉地帯である。

そのほぼ中心に位置しているのが、方保田東原遺跡である。

方保田東原遺跡は、菊池川中流域の台地上に所在する、弥生時代後期から古墳時代前期にかけての集落遺跡である。菊池川とその支流の方保田川に挟まれた東西に長い台地にある集落跡である。これまでに五十回以上の調査が行われ、昭和六十年の最初の史跡指定以来、平成十八年までに、遺跡中央部の約十一万平方メートルが国指定史跡になっている。しかしまだ、その東西両脇には、それと同じくらいの面積が未指定で広がっている。（註29）

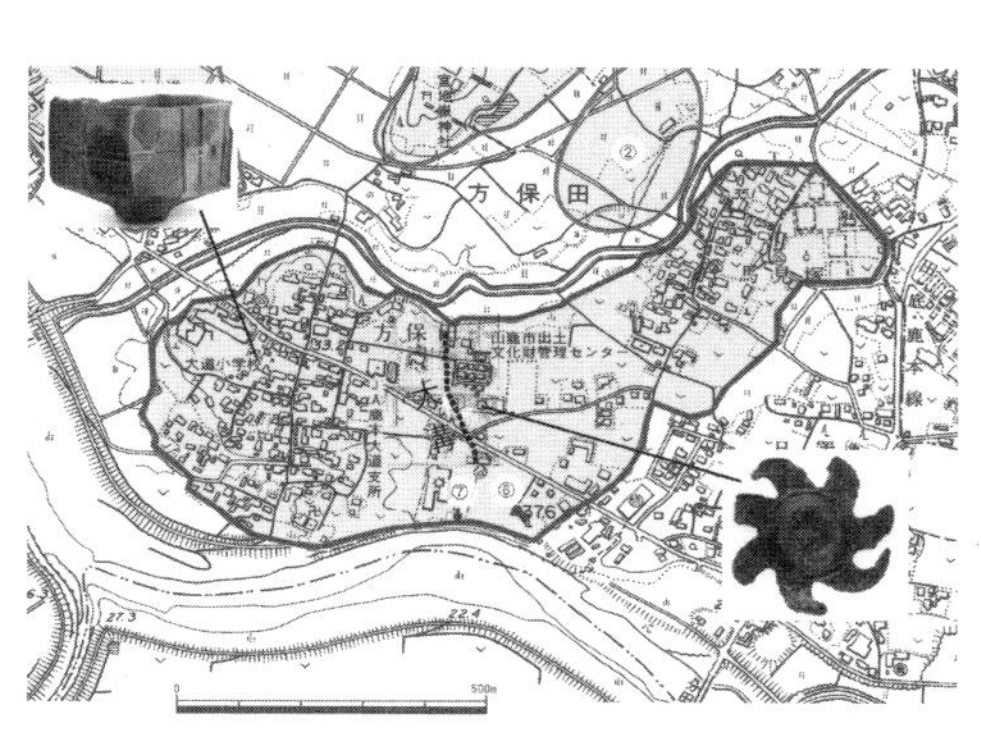

図36　方保田東原遺跡全体図（写真は註29より）

遺跡のほぼ中央部に、南北に走る幅七・八メートルの大溝が走っている。この溝によって、その東西が分けられるのであるが、今の状況ではその両脇で遺跡の質量に差は認められない。大溝の東西両方から内面朱塗り土器や包丁型鉄包丁、船載鏡片、仿製鏡、銅鏃などが出土している。この遺跡から出土した遺物でも

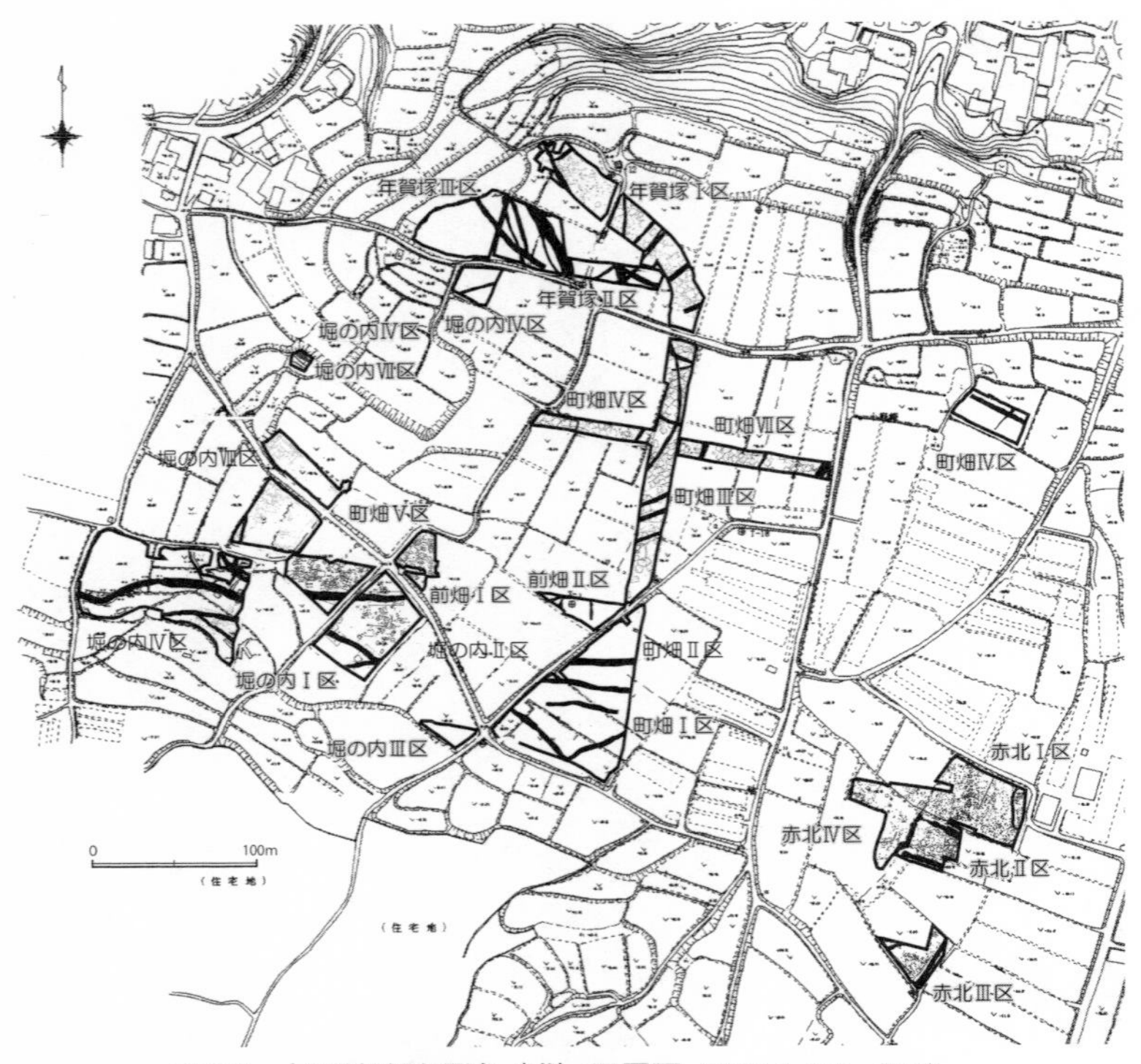

図37　小野崎遺跡環濠（溝）配置図（註30を合成・作図）

重要な家形土器は溝の西側から、巴形銅器は東側から発見されている。溝はいったいどのような機能を持っていたのか、まだわからない【図36】。遺跡の規模や出土遺物の豊富さからみても、菊池平野で最も中心的な集落であることは疑いえない。

菊池市小野崎遺跡は、平成十年から十五年に調査されている。面積は約十二万平方メートルの包蔵地があり、そのうち圃場整備で削られる部分だけを調査している。そのために、調査された部分は、ほんの一部であったが、発掘地点をつなぎ合わせてみると、そこにある弥生時代後期の溝は、何本あるかわからないほどに遺跡を巡ることがわかる【図37】。外郭では、東西、南北五百メートル以上の範囲をめぐる巨大な環濠に復元できる。その中におびただしい数の住居や墓があるが、部分的な調査なので実態がわかっていない。全面調査がなされれば、方保田東原遺跡とともに、菊池平野を代表する邪馬台国時代の遺跡になるだろう。(註30)

小野崎遺跡からは、菊池平野最大の拠点である方保田東原遺跡を眼下にみることができる。拠点集落の背後にある高台に環濠を持つ監視用集落がある例は、筑紫平野にもある。しかし、それにしては小野崎遺跡はそれだけで集落を十分に維持できるほどの規模があり、この点は筑紫平野の遺跡とは違っている。

さらにもう一つ、方保田東原遺跡の北側にある、うてな遺跡が注目される。

うてな遺跡からも、弥生時代後期の環濠の一部が発掘されている。環濠は台地の緩やかな谷の頂部に沿って、北東から南西方向にのびている。幅は検出面で約一・四～二・五メートル、深さ五～六十センチメートルの台形の断面形をしている。環濠は二つに分かれているが、西側に伸びる細い方（10号－A溝）が古くて弥生時代後期前半（筆者のいう「後期中頃」）、南西側の太い方（10号－B）が新しく弥生時代後期終末に位置付けられている。台地中央を走る道路予定地の幅だけの調査なので、詳細は不明であるが、溝の先端部が北側に曲がり始めているので、台地の北側を囲む可能性が指摘される。

調査を担当した西住欣一郎によれば、菊池川流域の環濠集落は、諏訪原遺跡、桜町遺跡、蒲生上の原遺跡、津袋大塚遺跡、うてな遺跡、八反田遺跡の六か所があるという。西住は、遺跡の集中度に加え、青銅器の出土も多いことから菊池川流域の優位性を指摘している。(註31)

第四節　邪馬台国と狗奴国

邪馬台国との境

筆者は、筑紫平野を邪馬台国連合と考えているので、その南にある狗奴国との境は、すなわち、筑紫平野と菊池平野の境でもあると考えている。しかし、両平野が接することはない。筑肥山地によって隔てられ、律令時代の官道も、両平野を結ぶ道は、南関町の山間部を通る細い山道である。この道は、古墳時代にも重要であったと考えられ、その途中には九折(つづら)大塚古墳などの前方後円墳があり、この地を抑える意義が認められる。また、海沿いの道には、かつての玉名郡長洲町・荒尾市を通って、旧三池郡の大牟田市に入る道があるが、菊池川流域を中心とする地域と筑紫平野の交流を考えるときには、やはり山間の道とはいえ、南関を通る道がいちばん重要である【図38】。

延喜式に記載される駅路のうち、筑後から肥後に入って最初の駅が「大水駅」である。具体的な場所は分かっていないが、南関町の中に想定されている。少なくとも肥後に通じる道は、山間の南関を通っていて、そこから南下して玉名郡家に向かう。南関には関が置かれていて、通行の管理を行っていた。『平家物語』巻八「名虎(なとら)」に出てくる「大津山の関」が文献上南関の初見である。都から平家

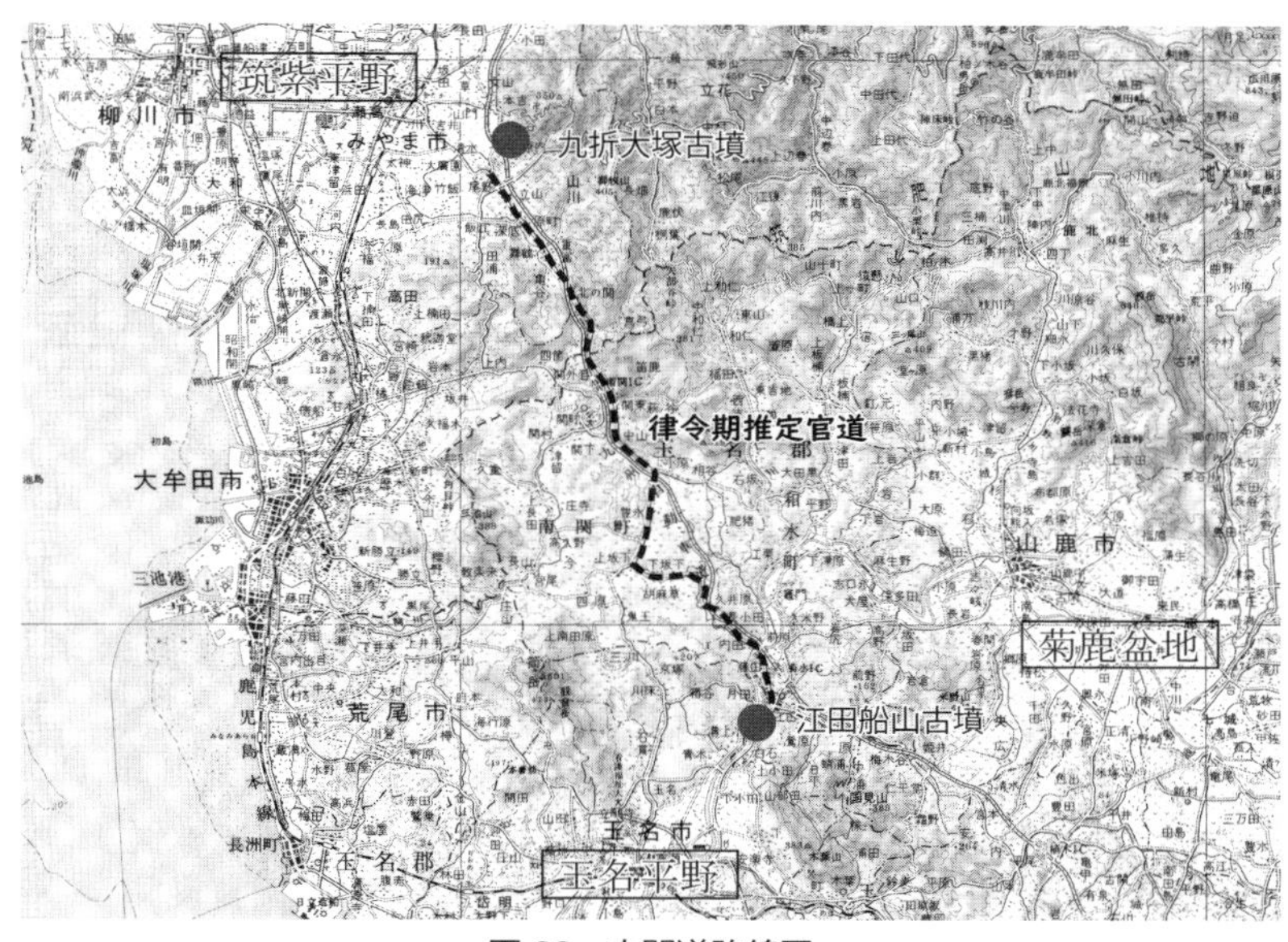

図38　南関道路線図

に従って落ちてきた肥後の菊池高直が、免されればいつでも大津山の関を開けて駆けつけると言いながら、城に閉じ籠もったまま何度呼んでも来なかったということが書かれている。また、江戸時代には肥後藩豊前街道の南関番所があった。このように近代交通網が発達する以前、南関には、通行を管理する施設が置かれていた。(註32)

　菊池平野と筑紫平野は、地図上では南北に接しているが、その間にある筑肥山地は両平野に育った政治勢力をいつの時代にも分離してきた。正平十四・延文四年（一三五九）、筑後川流域で繰り広げられた九州における南北朝最大の騒乱、筑後川の戦いは、菊池に本拠を置く菊池武光の率いた南朝方と九州守護職少弐頼尚（よりひさ）の九州覇権をめぐる戦いであった。この時も肥後の兵たちは、この南関を越えてきた。それより先、菊池市の先祖、菊池二郎高直が京から落ちのびてきたときもこの道だった。その後、秀吉の九州征討のときに大牟田－玉名を結ぶ三池街道が作られ、そちらの方も利用されたが、筑後と肥後を結ぶ南関の重要性は変わらなかった。

それよりも千年以上前、『魏志』倭人伝には、狗奴国のことが書かれている。

「其南有狗奴國、男子為王、其官有狗古智卑狗不屬女王」

（その南に狗奴国があり、男子が王となっている。そこの長官は狗古智卑狗と呼ばれ、女王の支配は受けていない。）

とあり、狗奴国王その長官狗古智卑狗は、女王に従属していないとある。そして、

「倭女王卑弥呼與狗奴國男王卑弥弓呼、素不和、遣倭載斯烏越等、詣郡説相攻撃状」

（倭の女王卑弥呼は、狗奴国の男子の王である卑弥弓呼ともともと不和だったのであるが、倭人の載斯烏越らが帯方郡に派遣され、二国の間で戦闘が行なわれているということを報告してきた。）

と倭の卑弥呼と狗奴国王の卑弥弓呼（ひみくこ）は関係が良くなかった。そのため倭から使者が送られ、互いに攻撃している状況を伝えたとある。邪馬台国と邪馬台国に敵した狗奴国は、南関を挟んで対峙し、争っていたのかもしれない。

邪馬台国と狗奴国の火だね

争うからには何かの理由があるはずである。その一つの動機が九州をめぐる覇権争いである。そのヒントになるのは、水野祐がかつて述べた狗奴国東遷論である。水野は、その理由について、クニグ

ニの連合によって共立された女王に統治される邪馬台国よりも、「卑弥狗呼」という男王一人に支配される専制的な体制をとる狗奴国の方が軍事力に勝り、まず邪馬台国を攻略し、やがて東遷してヤマト政権の樹立を成し遂げたとするのである。(註33)

水野が主張したように強力な男王によって支配された専制的なクニならば、そこには、筑紫平野とは違う突出した集落があってもよさそうなものである。そこで、菊池平野の環濠集落の状況をみると、確かに同規模の集落が分散する筑紫平野とは違った様子が見受けられる。

先に菊池平野全体の邪馬台国時代の遺跡の様子をみてきたが、玉名平野、菊水地峡帯、菊鹿盆地など菊池川流域の遺跡における鉄製武器の多さは、筑紫平野に匹敵する。加えて環濠集落を含めた邪馬台国時代の菊池平野遺跡群の充実ぶりは目を見張るものがある。肥の地域には、環濠集落を含め大規模な遺跡が、菊池平野、阿蘇盆地、熊本平野それぞれにある。しかし、そうした中でも菊池平野の方保田東原遺跡、小野崎遺跡、うてな遺跡の三遺跡が集まった場所は、その他の遺跡に比べて質量において群を抜いている。同じ菊池平野の一部である玉名平野にも、大原遺跡を中心とする大きな遺跡群があるが、ここには環濠がないと考えられる。方保田東原遺跡を中心とした遺跡とその他の遺跡との間には差があるようにみられる。こうしたあり方は、等質な遺跡が分布する筑紫平野とは様相を異にしている。狗奴国が男王に支配された専制体制だったと考えた水野説を裏付けしているようだ。

ところが、弥生時代の最後（庄内式土器併行期）が終わって古墳時代の最初の段階、布留式土器期に入ると、それまで隆盛を誇ってきた菊池平野の遺跡群は急激に衰退する。この現象をどうとらえるのか、水野が唱えたとおり、この地の勢力が東遷した結果いなくなったのか、あるいは邪馬台国との戦いに敗れたのか、ヤマト王権の支配下に入ったのか、それは今後の検討に委ねたい。筆者は最後の可能性、ヤマト王権に支配された可能性がいちばん高いと考える。

邪馬台国の好敵手であった狗奴国は、邪馬台国同様に不思議な魅力を持っている。

津田左右吉は、クマソの地名起源から、狗奴国の所在地に関する論を展開している。

熊襲は、『日本書紀』神代紀天孫降臨のところにあるに「襲之高千穂峯」のように「襲」という一地域があって、もとは日向曽於の地名を受け継いだものとした。その前につく「クマ」は、本居宣長が例に上げた「クマワシ」のように、大きいという意味の形容詞ではなく、具体的に「クマ」と呼ばれた地域があって、それが近接していたと考えた。もともと二つの別々の地域と勢力が、ヤマト王権と交渉を持つ段階では一つの地域・勢力と認識されたために「クマソ」になったと考えた。

その「クマ」であるが、『風土記』では、球磨川等の地名が残る肥後南部と考えたらしいが、津田は、もっと広い範囲にその威力を及ぼしていたとしている。

『魏志』倭人伝との関係で述べれば、津田はこの「クマソ」が、邪馬台国の時代に邪馬台国同様に、小君主・土豪が割拠して、卑弥呼のように君臨しているものがいれば、それが狗奴国であったかも知れないと書いている。[註34]

今までの研究では、あまり使われることはなかったが、『漢書』地理志呉地に次のような記事がある。

「会稽海外に東鯷人有り。分かれて二十余国を為す。歳時を以て来り献見すと云ふ」

これを狗奴国に繋がる勢力と考える説がある。文章の信憑性を含めて、狗奴国にすぐさま結び付けることはできない。前漢の時代に東シナ海から有明海を通しての交渉があったというのは、当時の航海技術ではむつかしいと思われる。しかし、中国で後漢が滅んで呉になった段階には、呉の鏡が入ってきていることなどから、その交渉が一気に政治性を帯びたものになることを考えれば、その前段に何らかの行き来があった可能性も否定できない。

狗奴国と魏の関係

『魏志』倭人伝最初の書き出しは次のとおりである。

「倭人は帯方の東南大海の中に在り、山島に依りて國邑を爲す。舊百餘國。漢の時朝見する者有り、今、使譯通ずる所三十國。」

この「三十國」というのが、どこを指すのか。今まで言われてきたことを総合すると、『魏志』倭人伝の道程に沿って、対馬国から一支国、末盧国、伊都国、奴国、不弥国、投馬国、そして邪馬台国までの七か国、それに加えて「次に斯馬國有り」以下「次に奴國有り」まで、「此れ女王の境界の盡くる所なり」の二十一国が続いて書かれ、この二十一国をその前の七国と合わせると二十八国になる。厳密に三十国なのか、三十という国の数が二十八を概略して三十と言っているのか、そこはわからない。

ふつう、この「使譯通ずる所三十國」の中に、狗奴国は入っていないとみなされている。その理由は一般的に邪馬台国と狗奴国が対立していたとみられているからである。そして、邪馬台国の使者である難升米に黄幢（黄色の旗）を持たせたことから、この黄幢は狗奴国との戦いの際に後ろ盾に魏がいることを示すものとされてきた。果たしてそうだろうか。

「其の六年、詔して倭の難升米に黄幢を賜い、郡に付して假授せしむ。其の八年、太守王頎官に到る。倭の女王卑彌呼、狗奴國の男王卑彌弓呼と素より和せず。倭（の）載斯烏越等を遣わして郡に詣り、相攻撃する狀を説く。塞曹掾史張政等を遣わし、因って詔書・黄幢を齎らし、難升米に拜假せしめ、檄を爲りて之を告喩す。」

狗奴国との抗争が激化したのは、正始六年に難升米が黄幢を授かってから二年後のことである。正始八年には再び張政を使わして難升米に黄幢を授けている。

黄幢の持つ意味を狗奴国も理解していなければ、難升米に黄幢を授けて檄を発する意味がない。この黄幢の意味は、邪馬台国に加勢したことを指すのだろうか。筆者は、魏は両者の争いを仲介するために、魏が権威を示すために授けたものと考えている。

狗奴国が使譯通じる三十国の一つであれば、狗奴国も魏の冊封体制に入っていることになる。そうすると魏と誼（よしみ）を通じる邪馬台国と狗奴国の争いは、魏からみれば単なる内輪もめになる。

小南一郎は、この部分を「詔書と黄色の幢をたずさえていって難升米に仮授するとともに、檄文によって〔両国が和解をするよう〕教えさとした。」と訳している。(註35)

小南が「〔両国が和解をするよう〕教えさとした」と解釈したように、片方を一方的に加勢するのではなく、魏の冊封内における内輪もめを穏便に治めるために魏は「檄を爲りて之を告喩」したのではないだろうか。

邪馬台国も狗奴国も、魏という国をどの程度意識していたのかわからない。もし、魏が邪馬台国だけでなく、狗奴国に対しても停戦・和解を命じるような立場であるとすれば、魏は、狗奴国が十分に配慮しなければならない相手であったことになる。冊封体制などという言葉は知らなくても、魏は、邪馬台国同様、実質その体制下に入っていると認識していたかもしれない。

少なくとも、魏においては「倭」という範疇に狗奴国は入っていたことになる。筆者が想定する通り、狗奴国が菊池平野、そしてその南もその影響下にあるとすると、邪馬台国時代の中国が掌握する「倭」とは、筑紫平野全体はもちろん、九州の中央部付近熊本平野になる。トヨが入るかどうかはわからない。

それでもこの邪馬台国時代の「倭」の領域は、前漢時代に漢がせいぜい筑紫平野北部までを「倭」と認識していた段階からみれば、拡大していることになる。

第五章　倭人とそとの世界の接点

第一節　持衰とは何者か

航海儀礼

この章は、邪馬台国時代の倭人の立場に立って対外交渉を考えてみたいと思う。海を舞台にした通商を意味する「南北市糴（してき）」という文字が出てくるのは、『魏志』倭人伝の中でも、周囲が海に囲まれた島国の対馬国と一支国の二か所だけである。南北市糴は、島の南北、すなわち九州本土から朝鮮半島の間で物資を運搬して商うことである。

邪馬台国時代以前にも、倭は、大陸との間に交渉があった。

壱岐原の辻遺跡では、島東部の内海（うちめ）湾に注ぐ島最大の河川、幡鉾（はたほこ）川に船着き場が発見された【図39】。その場所は、環濠に囲まれた丘陵よりも外側の北西部低地である。この一帯の狭い範囲に、弥生時代中期前半を中心に、朝鮮で作られた土器やそれを模倣して作られた土器などが、集中して多数発見された。ここで朝鮮半島との交易を営んだ人々が暮らしていたことがわかっている。

一方、朝鮮半島をみると、慶尚南道を中心に日本の弥生土器、あるいはそれを模倣した土器が点々と発見されている。その代表的な遺跡の一つが、泗川（サチョン）市勒島（ヌクド）遺跡、釜山市福泉洞萊城（ポクチョンドンネソン）遺跡などである。このうち福泉洞莱城遺跡は、一九八九年釜山市立博物館によって調査・発掘され、無文土器時代遺物の大半が、弥生土器である点が注目された。調査を担当した河仁秀（ハインス）は、「莱城遺跡の弥生式土器は無文土器人たちが弥生土器の影響を受け、自分で製作したものとするよりも、当時莱城遺跡に居住した弥生人たちが、直接製作したとみるほうが良いと思われる」と海峡を越えて実際に往来する人間の移動を指摘した。が、筆者は実見して完璧な弥生土器ではないと思った。出土土器は、中期初頭城ノ越式土器から中期前半須玖Ｉ式にかけての特徴をもった土器である。これは、原の辻遺跡出土の朝鮮系無文土器が朝鮮半島から出土する土器と完全に同じではないのと似て、弥生土器そのものではな

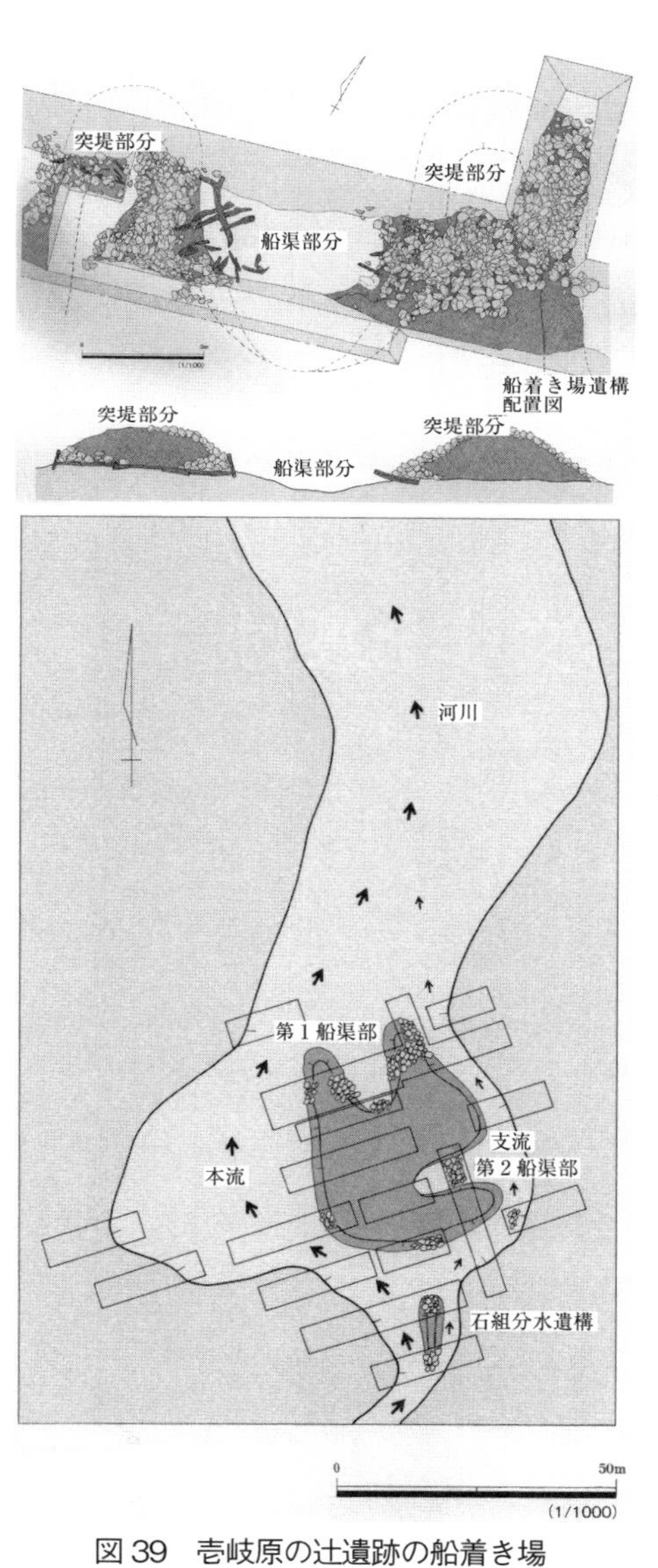

図39　壱岐原の辻遺跡の船着き場

いが、たいへん似ているものである。

そういうことから、文化的に朝鮮半島と対馬・壱岐の両方に通じた人々がいて、その人たちは両島を挟んで経済活動をしていた集団であったと考えた。そして、その人たちは、自由に朝鮮半島と壱岐・対馬を航行し、自分たちが、弥生人（倭人）あるいは韓人としてどの国に属すのかといった帰属意識が希薄な自由民であったと考えた。(註1)

弥生時代中期には、このように、どちらのクニにも属さない、自由民の往来があったが、弥生時代後期の邪馬台国時代になると、海峡の往来に「管理」という、ある意味厄介な考えが出てくる。この時期に対馬では、多量に北部九州の銅矛が発見される。それも弥生時代後期後半に製造された中広形・広形銅矛がほとんどである。銅矛は、邪馬台国時代の北部九州においては、まつりごとに用いられる祭器の中で頂点にある重要なものであるが、それが対馬で発見されることから、当時の朝鮮半島、あるいは楽浪郡との交渉において北部九州の勢力が、渡航に関わる主体者であったことが分かる。(註2)もしも、近畿地方の勢力が、その往来に関与していたり、主体となっていたのであれば、後に沖ノ島の祭祀で出土する三角縁神獣鏡のように、ヤマト王権を象徴するような宝器、弥生時代であれば近畿を象徴する銅鐸のようなものが、対馬から出土していなければならないのであるが、それがない。このことは、外交あるいは通商の主体者が九州勢力であったことを示している。

今まで、対馬では青銅器を作るための鋳型の発見はない。岩石のことに詳しい唐木田芳文の研究によれば、北部九州で作られる青銅器、特に対馬に多い銅矛の鋳型は、ほとんどが長石―石英斑岩(はんがん)であるという。[註3] この石材の産地は、筑後地方南部矢部川流域と推定され、八女市北山今小路遺跡では、稀少な鋳型石材が多数発掘されている。また鋳型そのものの発見も唐津平野、糸島平野、福岡平野、筑紫平野にしかない。対馬島での鋳型発見例はない。このことは対馬の銅矛は、全部北部九州から運ばれていったものであることを意味している。

昭和三七年（一九六二）に現福岡市の唐泊（からどまり）沖の海中から広形銅矛が偶然引き揚げられた【図40】。対馬に行く途中で船が難破したのかもしれないし、[註4] 意図的に海の神に供えられたものかもしれない。銅矛が海中から発見された例は、現在までにこの他にない。

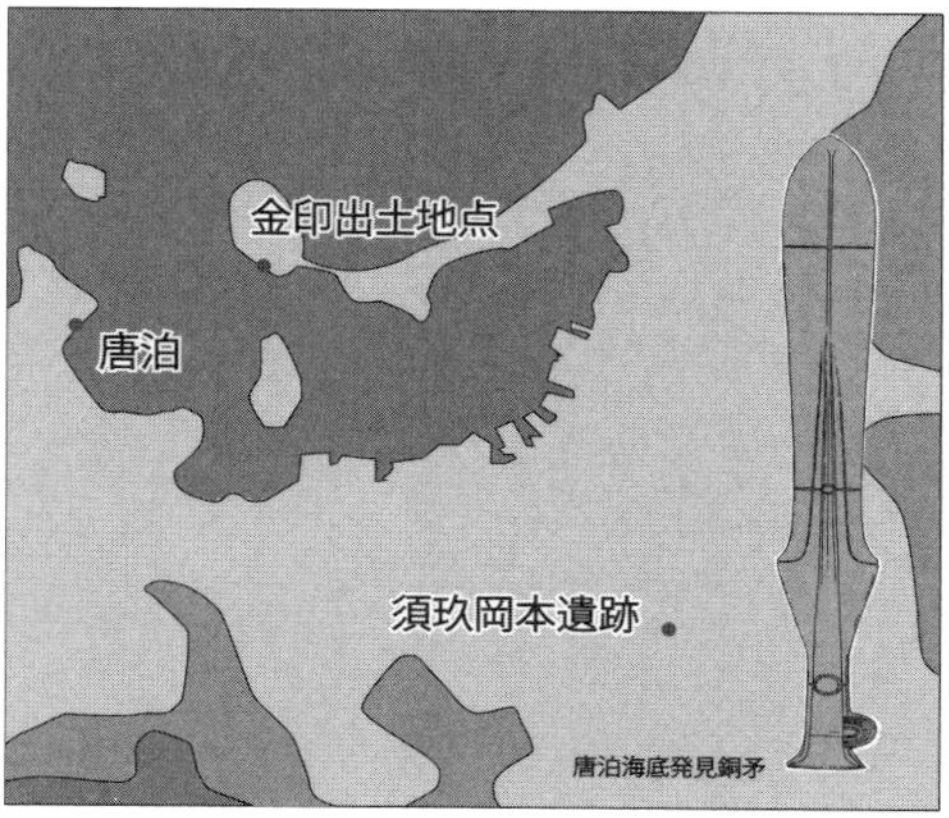

図40　唐泊の位置とそこで引き上げられた銅矛

唐泊が古来、大陸への航海の拠点であったことは、後の古典にもその名が出てくることからわかる。

「筑前の国志麻の郡の韓亭（とまり）に到りて船泊（ふなは）てて三日を経たり。時に夜月の光皎皎として流照す。たちまちこの華に対して旅情悽噎し、各心緒を陳べていささか裁（つく）れる歌六首」（万葉集三六六八～三六七三番）

天平八年（七三六）、阿部継麿（つぎまろ）を遣新羅使の大使とした一行は、難波津を出港後、那の津に立ち寄り、再びその途中、糸島半島東側の韓亭（からとまり）において三日間風待ちをすることになった【図41】。このように唐泊は、渡海するときには常に

図 41　天平 8 年遣新羅使のルート

重要な港であった。

福岡市唐泊沖海底から引き上げられた広形銅矛のように、宝器が海に沈められた例は、埋納する場所が地中だけでなく海中と同様に扱われた例かもしれない。

ヨーロッパでは湖沼への青銅器埋納が多く発見され、日本でも唐古池、飛鳥池で七世紀の宝物が身近な水中に投棄されたことが明らかになっている。弥生時代に広大な海中に祭祀のために銅矛を投棄する祭祀があったかどうかは不明である。

海中にものを投棄し航海の安全を図る行為は古代にもみられる。万葉集巻二十の四四〇八番には、防人が航海に旅立つ短歌がある。そこには「住吉のあが皇神に幣奉り祈り申して難波津に船を浮け据ゑ」と、航海の安全を祈って海の神である住吉神に幣を捧げたとある。幣が具体的にいったいどのようなものを指すのかは不明であるが、神へのお供えものと思われる。天平十二年（七四〇）、乱を起こした藤原広嗣は、朝廷軍に追われ済州島近くまで逃げたが、逆風が吹き、風が止むようにと神力を頼って「鈴を以て海に投ず」とある。この鈴は朝廷から通行を認められたしるしとなる駅鈴である。また遣唐使円仁も承和十四年（八四七）、唐の帰路、やはり順風を得るために「鏡等を捨（寄捨）して神を祭り風を求む」ことをしている。航海中の自然の脅威を和らげるために海中になにかを投棄する風習があったことを示している。

海中に投げ入れられるのはモノばかりか人であることもある。

『三国志魏志』東沃沮伝には、「東に一島を得たり。〔島〕上に人有り、言語相暁らず。其の俗、常に七月を以って童女を取りて海に沈む」という文章がある。ここには、海の神に毎年七月、童女をささげる風習のあることが記されている。東の一島が倭を指すのかどうか、そういう風習の真偽もいささか怪しいものであるが、当時の海に対する畏敬の念がこうした文章に表れている。

持衰

『魏志』倭人伝には、こういう航海の安全と引き換えに乗員全員ではなく、特定の人物にタブーを守らせ、航海を占う航海儀礼が描かれている。それが『魏志倭人伝』にある持衰（じさい）である。

「其の行來・渡海、中國に詣るには、恆に一人をして頭を梳らせず、蟣蝨を去らず、衣服垢汚、肉を食わず、婦人を近づけず、喪人の如くせしむ。之を名づけて持衰と爲す。若し行く者吉善なれば、共に其の生口・財物を顧し、若し疾病有り、暴害に遭えば、便ち之を殺さんと欲す。其の持衰謹まずと謂えばなり。」

（倭の者が海を渡って中国と往来するときには、いつも一人の者をえらんで、頭もくしけずらず、しらみも取らず、衣服は汚れたままで、肉を食べず、婦人も近づけず、喪中の人のようにさせる。これを持衰と呼ぶ。もしその旅が無事であれば、皆でその者に家畜や財物を与える。もし病気が出たり、思いがけない災害にあったりすれば、人々はその者を殺そうとする。彼の持衰が充分に慎み深くなかったから（そうした事が起ったのだ）というのである。）

持衰は、『魏志』倭人伝の中でも、特に魅力のある人物として取り上げられる。

大林太良は、文化人類学的な見地から「この倭人伝の文章でも、中国へ行ったり来たりする大航海のとき持衰がその役割を演ずるとはっきり断わっている。おそらく持衰が登場するのは、日常的な沿岸の短距離の航海のときではなくて、危険が大きく、また重要な目的をおびた遠距離の大航海のときだけであろう。そう考えるのには理由がある。つまり世界的にみても、大がかりな航海儀礼やタブーがあるのは、一般に大航海のときだからだ。」と書いている。[註5] 筆者に異論はない。

また大林は、別の文章には、持衰が航海のさなか陸に残って、航海がうまく行かなければ殺されたのか、あるいは一緒に船に乗っていて航海のさなかに殺されたのかはわからないとも書いている。

確かに理屈はそうである。陸に残っていれば航海がうまくいくかどうかは分からないし、船に乗っていれば、難破する際に一緒に沈むのであるから、殺されたかどうかもわからない。確かに矛盾がある文章だが、そこに合理的な解釈を求めることに、あまり深い意味があるとは思えない。面白い指摘ではあるが、やはり筆者は、航海のさなかに難破しかけた際のいけにえとして、持衰が殺されたと考える方が穏当な解釈であると思う。

九州・壱岐・対馬・韓国それぞれの間の距離はさほどあるわけではない。どの航海もそれぞれの陸地から目標とする場所がみえる。実際、壱岐島の最高所岳ノ辻（標高百六十八メートル）からは九州本土と対馬がみえる。対馬展望所からは、韓国釜山をみることができる。それくらいの距離の中では、航海が安全かどうかくらいは陸地からも確認される。航海は九州から壱岐、壱岐から対馬、対馬から韓国という単発的なものではなく、全行程を含めた大航海とみるべきであろう。

ところで持衰は、「じさい」とも「じすい」とも読まれる。岩波文庫の持衰の解説には、「衰は喪服のこと」であるから「喪服を付けたことか」「他人の喪をひきうけたこと」と解釈している。『魏志』倭人伝には、持衰は倭でそう呼ばれていたとある。持衰の「衰」は「斎」の意味であったかもしれない。現代の北京語では「チーシュアイ」と発音するが、当時は倭の言葉を漢字にあてたのであろうから、倭人が実際にどのようにこの持衰を読んでいたのか不明である。

渡辺義浩は、持衰の言葉の由来を「五服」の中の「斬衰（ざんさい）」「斉衰（しさい）」に求めた。「五服」というのは、服喪の五段階を言い、渡辺によると、このうち斬衰（父・子などが亡くなった場合三年の喪に服す）、斉衰（父の没後の母の場合三年の喪に服す。ただし父が存命であれば一年）にある「衰」がこれに通じると考えた。したがって、持衰を説明する『魏志』倭人伝の文章の中で、「服喪中のようにさせる」とあるのは、この服喪に通じるためだと解釈した。（註6）

持衰のように、航海のときに限って登場する人物は特異である。『魏志』の中でも持衰のような役割の人物が出てくるのは、倭人伝だけである。倭から大陸に海を渡っていく旅行は、陸上のそれとは、比べ物にならないほど困難なものであった。そうしたときに持衰のように、『魏志』倭人伝の記述どおり航海に命をかけなければならない人物が描かれたのである。

第二節　邪馬台国の使者はどこまで行ったのか

倭国王帥升

倭の使いは、日本海を渡ってどこまで行ったのだろうか。倭から人が来たという記録は、『漢書』地理志以来残されている。図42は、倭から中国側へ行った記録をまとめたものである。その最初は、『漢書』地理志の中の「歳時を以て来り献見す」と、倭人が定期的に出向いていたという記録である。その行先は、当時の情勢からみると楽浪郡であった可能性が高い。

建武中元二年（五七）に奴国王が朝貢し、さらにその五〇年後の永初元年（一〇七）に倭国王帥升が朝貢している。この使者がどこまで行ったのかは明らかでない。この時期に帯方郡は、まだ設置されておらず、行くとすれば楽浪郡であろう。この期間の楽浪郡は、後漢の統治下にある。

ところで、倭国王帥升に関しては、もともとは渡来系の人物だとする吉田孝の説がある。吉田の説をまとめると次のようになる。倭国王「帥升」は、中国風の「姓」「名」である可能性がある。「帥」という姓は、中国古代にはあまりないがないわけではない。「帥」と「師」は誤写されることがあるので、そうすると「師」という姓の人物は、中国風の姓名としておかしくない。そこで、

中国年号	西暦	出発地 と目的地	事　　　項	出　典
		倭⇒楽浪郡	「分れて百余国、歳時を以て来り献見す」と書かれる。	『漢書』地理志
建武中元2	57	倭⇒楽浪郡	倭の奴国が後漢・光武帝に朝貢、金印を賜与される。	『後漢書』東夷伝
永初1	107	倭⇒楽浪郡	倭国王帥升等朝貢し、生口160人を献上。	『後漢書』東夷伝
			倭国大乱。	
			卑弥呼共立される。	
建安9	204		公孫康が楽浪郡を分けて帯方郡を置く。	
景初2	238	倭⇒洛陽	卑弥呼が難升米らを派遣し、難升米らは魏の都洛陽に行く。 卑弥呼が魏の明帝から親魏倭王の称号を賜与される。また、金印を仮授される。 難升米は率善中郎将、牛利は率善校尉を拝命される。	『魏志』倭人伝
正始1	240	帯方郡⇒倭	帯方郡太守弓遵が先の金印などを倭国に送らせる。 卑弥呼が詔恩に答謝する。	『魏志』倭人伝
正始4	243	倭⇒洛陽	卑弥呼が伊声者・掖邪狗らを魏に朝貢させる。 掖邪狗ら率善中郎将の称号、銀印を賜与される。	『魏志』倭人伝
正始6	245	帯方郡⇒倭	魏・少帝が帯方郡をとおし難升米に黄幢を仮授す。	『魏志』倭人伝
正始8	247	倭⇒洛陽	狗奴国と倭国の戦争深刻化。卑弥呼が戦争状況を魏・少帝に報告。	『魏志』倭人伝
		洛陽⇒倭	魏・少帝が張政を倭に派遣し、檄文を以って倭人を告喩す。	『魏志』倭人伝
			この頃卑弥呼が死す。 男王が立つが、諸国服さず、再び乱がおこる。 卑弥呼の宗女・臺与が倭女王となる。	
不明			臺与が掖邪狗等を遣わし、魏・少帝に朝貢。	『魏志』倭人伝
泰始2	266	倭⇒西晋	倭女王が西普に朝貢。	『日本書紀』『普書』

図42　3世紀以前の倭と中国・朝鮮の使者の往来

「彼もまた、中国風の姓名を称した渡来人であった可能性が出てくるのである。（中略）中国風の姓を自称した韓人の子孫、あるいは先祖から日本列島に住んでいた倭人の自称である可能性も残る。もしそうであれば、漢人の出自を示す姓を称すること自体に、政治的な機能があったという、興味深い問題が生じてくる。[註7]」

衛満朝鮮の混乱に際して、有力氏族が南下してくる例があるように、漢人が倭まで移動した可能性はないわけではない。しかし、この時代の文字資料が発見されるなどしないかぎり、それを証明するのはむつかしい。

卑弥呼以前の朝貢

後漢時代の朝貢に関して、津田左右吉は次のように書いている。

「魏志に見える如く魏の時代（220－264A.D.）には、邪馬台（今の筑後山門郡）の女王卑弥呼の使者が帯方郡を経由して洛陽に赴き、また魏の使が詔書印綬をもたらして邪馬台に来るほどであり、今使訳通ずるもの三十国といわれたところを見ると、後漢時代（25－220A.D.）を通じて楽浪（のちには帯方）に交通するツクシの土豪はかなりに多く、それが魏のときまで引き続いていたものに違いない。[註8]」

津田が指摘したように、邪馬台国時代以前にも、朝鮮半島には、ツクシから何回も使いが送られていたはずである。このことは、後で述べるように対馬出土の銅矛を通してみることができる。後漢時代のこの二回だけが記載されているのは、そこに何か歴史的に意味を持つものがあったと思われる。

北部九州の遺跡から出土する朝鮮半島・中国製品は、弥生時代中期前半から中期末（紀元前一世紀末から紀元前後くらい）にかけて、継続していることがわかっている。これによって、北部九州の弥生時代実年代もおおよそわかってくる。弥生時代中期後半から中期末（紀元前一世紀後半から紀元前後）にかけての遺跡（甕棺）からは、多量に中国前漢鏡の一群が出土する。これは後漢書がいうところの奴国王が朝貢した建武中元二年（五七）とは年代が合わない。ということは、弥生時代中期後半から中期末にかけて、楽浪郡から鏡が多量にもたらされた交易については、中国の歴史に記述はないことになってしまう。おそらく、その当時において、倭にとっては画期的な交易であったとしても、漢にすれば、そうした交易は歴史上の出来事として、ただ『漢書』地理志に「歳時を以て来り献見すと云ふ。」の一文にまとめたにすぎないものだったのであろう。

卑弥呼の朝貢

「景初二年六月、倭の女王、大夫難升米等を遣わし郡に詣り、天子に詣りて朝献せんことを求む。太守劉夏、使を遣わし、將って送りて京都に詣らしむ。」

（景初二年（二三八）六月、倭の女王は、大夫の難升米らを帯方郡に遣わし、天子に朝見して献上物をささげたいと願い出た。帯方太守の劉夏は役人と兵士をつけて京都まで案内させた。）

景初二年（二三八）は、魏の高官司馬懿（しばい）が楽浪郡を実質支配していた公孫淵（こうそんえん）を討伐した年である。当時の東アジア情勢の中では、景初二年の正月に明帝の命を受けた司馬懿が、公孫淵の討伐を開始した。六月には、遼東に到着し、八月には公孫淵の首都襄平(じょうへい)城を堕し、公孫氏を滅ぼした。そうすると、『魏志』倭人伝の記述どおり、卑弥呼の使者が戦争のさなかにある景初二年六月の帯方郡に至ることは不可能と考えられてきた。

卑弥呼が初めて朝貢したのは、『魏志』倭人伝には「景初二年」と書かれるが、後の『日本書紀』で卑弥呼の朝貢に合わせた神功皇后三九年の条と唐時代の張楚金『翰苑(かんえん)』による『魏志』では、それぞれ「景初三年」とある。このことから、『魏志』倭人伝の「景初二年」は書写の間違いで、「景初三年」が正しいとされてきた。

周辺諸国がこの情報を知り得たならば、進んで魏に対して政治的連携を持とうとすることが自然である。どうしてこの年に卑弥呼が朝貢したのかということは、こうした東アジア情勢に通じているものがいなければ実現しなかったと考えられてきた。ところが、そうではないという意見もある。

「太守劉夏」は後の文章で「帯方の太守劉夏」と出てくるので、卑弥呼は難升米らをまず劉夏のいる帯方郡に派遣するが、そこで劉夏は使いを伴わせて、その足で難升米を帯方郡から魏の都洛陽にまで向かわせている。

「其の年十二月、詔書して倭の女王に報じて曰く、「親魏倭王卑彌呼に制詔す。帯方の太守劉夏、使を遣わし汝の大夫難升米・次使都市牛利を送り、汝獻ずる所の男生口四人・女生口六人・班布二匹二丈を奉り以って到る。汝がある所踰かに遠きも、乃ち使を遣わし貢獻す。是れ汝の忠孝、我れ甚だ汝を哀れむ。今汝を以って親魏倭王と爲し、金印紫綬を假し、装封して帯方の太守に付し假授せしむ。」

（その年の十二月、倭の女王へのねぎらいの詔書が下された、「親魏倭王の卑弥呼に制詔を下す。帯方太守の劉夏が使者をつけて汝の大夫の難升米、副使の都市牛利を護衛し、汝の献上物、男の奴隷四人、女の奴隷六人、班布二匹二丈を奉じてやってきた。汝ははるか遠い土地におるにもかかわらず、使者を遣り献上物をよこした。これこそ汝の忠孝の情のあらわれであり、私は汝の衷情に心を動かされた。いま汝を親魏倭王となし、金印紫綬を仮授するが、その印綬は封印して帯方太守に託し、代って汝に仮授させる。）

「其の年」というのは、原文に則していえば、景初二年のことである。『魏志』倭人伝には、そのときの魏皇帝明帝の東夷の小国に対する破格の待遇が描かれている。

筆者も本書では、景初三年朝貢説をとっているが、原文のまま、景初二年でよいとする、金文京による面白くかつ重要な意見がある。（註9）

金は既に六月には、朝鮮半島の楽浪郡と帯方郡は、魏が派遣した劉昕（りゅうきん）と鮮于嗣（せんうし）に回復されていたという。そして、もともと帯方郡に行くことを目的にして派遣されてきた卑弥呼の使者難升米は、帯方郡が魏に回復された証しとして、急遽、魏の都洛陽に送られたものと考えた。

その根拠に上げているのが、卑弥呼が朝貢の際に難升米に持たせた献上品の貧弱さである。『魏志』倭人伝には、「汝献ずる所の男生口四人・女生口六人・斑布二匹二丈を奉り以って到る」と書かれているが、生口十人という数は、倭国王帥升のときの生口百六十人やその後の臺与の朝貢の際の生口三十人に比べてかなり少なく、また斑布（綿の布）二匹二丈というのも、その後に献上した織物の量から比べれば、いかにも少ないうえに、「斑布」というのは、絹よりも格の落ちる布である。二匹二丈というのも少ないし、中途半端な数字である。

そこで、金が考えたのは、卑弥呼は、もともと難升米を帯方郡に派遣する意図だったので、このように貧弱な貢物しか持たせなかったというのである。難升米がまさか洛陽にまで連れて行かれるとは卑弥呼も想定していなかった、と考えるのである。

このように考えれば、次に卑弥呼が朝貢した正始四年に献上した「生口・倭錦・絳青縑・緜衣・帛布・丹・木弣（弣の誤りか、弣は弓の握り手本体部のこと）・短弓矢」こそ、魏に対する本来の献上品であったと考えることができる。

景初二年か三年かは、どちらにしても、卑弥呼が派遣した使者は、もともと帯方郡までしか行かない予定だったのが、魏の都合によって、都の長安まで招かれたというのは、ありうることであろう。

こうした貧弱な貢物を携えた使者でさえ、魏皇帝が厚遇したのには、朝鮮半島の情勢が絡んでいると金は考えている。

倭からの献上品の中で最初に上げられているのが「生口」である。東洋史学の権威宮崎一定によると、アジア史的見地からみて、生口が奴隷であり、当時の倭にとっては最高の価値を持ち得る可能性を主張している。

「アジアの東西を貫く交通の大幹線において日本はその東の終点である。これから更に東は太平洋であるから進みにくい。この終点へ、青銅製の幌馬車と、鉄製のトラックとが同時についたから、さァ日本は大へんだ。今まで新石器時代の惰眠を貪っていた日本人は、上を下への大騒動を演じた。

新しい文化が輸入されるということは、今まで大した価値のなかったものに急に値が出たことを意味する。先ず第一に値が出たのは人間だ。人間をつかまえて楽浪郡へ持って行けば奴隷として買ってくれる。その代価に鏡だの刀剣だのをもらって帰れる。楽浪郡まで行くには船が大事だ。そこで船にする材木に値がでた。山から木を伐り、船をつくるには労力が必要だ。労力の根本は食物で、食物は土地から出る。そこで今度は土地に値が出た。新開地は新しい交通線の出現によってブームに沸く。将来どこまで発展するかもわからない。こういう形勢を見てとって、いわば大いそぎで広い土地を買い占めて大地主になったのが大和朝廷家だ。(註10)」

魏皇帝は、卑弥呼に「親魏倭王」の称号を与えるのであるが、それは、卑弥呼が朝見を願い出た景初三年六月から六カ月後の十二月のことである。そして「親魏倭王」印を「仮授」される、つまり直接もらうことはなく、代理のもの、ここでは翌年倭に金印を持つ使者を送らせた帯方太守弓遵(きゅうじゅん)と思われるが、代理授与されたのである。

「汝、それ種人を綏撫し、勉めて孝順を爲せ。汝が來使難升米・牛利、遠きを渉り、道路勤勞す。今、難升米を以って率善中郎將と爲し、牛利を率善校尉と爲し、銀印青綬を假し、引見勞賜し遣わし還す。」

(汝の種族のものたちを鎮め安んじ、孝順に努めるように。汝の遣ってよこした使者、難升米と牛利とは、遠く旅をし途中苦労を重ねた。いま難升米を率善中郎将となし、牛利を率善校尉となして、銀印青綬を仮授し、引見してねぎらいの言葉をかけ下賜品を与えたあと、帰途につかせる。)

景初三年の朝貢に対する答えがこれである。ここで出てくる「種人」とは同一種族の人を指すこともあるが、異族の夷狄(いてき)をさすこともあり、そのどちらを意味するのか分からない。どちらの意味にしても、これは倭人を指すものであろう。

対外交渉史や外交史は、内政史と分離して考えるものでないことは明らかである。

石母田正は「対外関係という一つの契機が一国の内政に転化してゆき、また逆に内政が対外関係を規定する基礎となるという相互関係と不可分の統一を、それが独自の形をとってあらわれる古代国家の諸段階について、あきらかにする必要があるのである。」と述べ、邪馬台国も、そうした対外交渉が、その国家形成に関わっていると考えた。卑弥呼には、「鬼道を事とし、能く衆を惑わす」という内政的な面と当時に「親魏倭王」という外交的な面が混在する。この「親魏倭王」という外交的な面は、「鬼道を事とし、能く衆を惑わす」ことで諸国を統制し、それを背景に諸国を代表して中国に対している。

石母田は、これは卑弥呼の側から作り出したものではないとする。

それは、中国が魏・呉・蜀の三国に分裂し、魏と呉が対立する中で、魏にとって、倭の邪馬台国がそうした勢力とどうつながるかが大きな関心事であったのである。つまり魏は、当時中国東北部から朝鮮半島を実質支配していた公孫氏あるいは高句麗が、魏の最大の対抗勢力である南方の呉とつながることを恐れていた。そのために魏は、邪馬台国の価値を相対的に高めたとしている。このことは、邪馬台国からの使いを異例の答礼をもって答えたことや、その後すぐに魏の大規模な高句麗征討が実

行に移されたことからもわかるとしている。[註11]

対馬の銅矛が語るところ

金は、「景初二年」の使者が帯方郡に送られたのは、朝鮮半島の情勢が安定したからだと考えているが、考古学的にみると、その時期に朝鮮半島に出向いていたのは、「景初二年」のこの一回だけでなく、その前に何度も渡航していると考えられる。限られた回数ではなく、むしろ頻繁に行っていた。これは、対馬島から出土する銅矛の数から類推することができる。

対馬から出土する銅矛は弥生時代後期に製造された中広形・広形銅矛が大半を占めている。その出土は偶然の機会による発見が多いので、定かでない部分が多いが、少なくとも、複数の銅矛が一か所にまとめられて埋納、もしくは安置されていることが特徴である。対馬出土の銅矛をいち早くまとめた、地元の考古学者である永留久恵によると、対馬全体で行方不明のものも含めて百五十例もの膨大な数の広形銅矛が出土している【図43】。そして対馬の出土事例は、いったん航海の祭祀として持ち込まれたものが、その後に対馬の各集落の祭祀に転化したものとされた。[註12]

銅矛は、対馬に立ち寄った際に、邪馬台国の使者によって、航海儀礼として奉納されたものと考えられる。一か所に一回の航海分の銅矛がもたらされたとすると、その航海の回数は、現時点でもその遺跡数に相当する三十回以上の対馬への航海となる。未発見のものも多いと思われ、対馬を経由して韓国帯方郡・楽浪郡まで出向いた使者の回数はかなりの数に上ることが想像される。

『三国史記』は、一一四五年に書かれた朝鮮三国時代（新羅・高句麗・百済）から統一新羅までの歴史書である。倭関係の記事は、豊富なこともあって、『三国史記』特に新羅本紀にみえる倭人・倭兵記事や倭国、倭王記事に関する研究が進んでいる。（註13）しかし、書かれた年代が新しいことから信憑性に疑問が多い歴史書であり、四世紀後半の奈勿麻立干（なもつまりつかん）（三五六－四〇一頃）以前のものは、後世に造作されたものであって信憑性がないという意見が趨勢である。

三世紀以前の記事に扱いについてもやはり慎重であるが、そこには次のような文章がある。

阿達羅尼師今二十年〈一七三〉五月条

「倭の女王卑弥呼、使を遣わし来聘す。」

この新羅本紀にあるような、卑弥呼が新羅に派遣した記事は、中国側の史書にはみえない。この記事そのものは、前後にみられる倭や倭兵の相次ぐ侵攻などとともにあって、信憑性に欠けるというのが大半の意見であり、筆者もそう理解している。しかし、それは別にして、対馬の銅矛の異常な数は、度重なる朝鮮半島への渡来の可能性を強く示唆するものである。そして、これらの訪問は、一つ一つ記録されて後世に残されることはなかったと考えられる。

公孫淵が朝鮮半島、特にその北部を実効支配しているときにも、倭は朝鮮半島とは没交渉ではなかったことが、それぞれの地域から出土する銅矛をはじめとする日本系遺物から想像される。

しかし、それでも洛陽まで行った使者は特別なものであったから、記録に残されたのであろう。

正始四年にふたたび卑弥呼は、伊声者・掖邪狗らの使者を魏に朝貢させるが、魏は、この時も褒美として伊声耆・掖邪狗らに率善中郎将の称号、銀印を賜与している。卑弥呼が拝受した「親魏倭王」印が出土すれば、邪馬台国の所在地論争に一定の決着をみるとされているが、難升米・牛利・伊声耆・掖邪狗らのもらった銀印の発見も重要である。

二年後の正始六年に、魏から帯方郡をとおして難升米に黄幢が仮授された。さらにその二年後に卑弥呼は、狗奴国との争いを魏に報告している。そして、魏が張政を倭に派遣し、檄文を以って邪馬台国を告喩した。これらの動きをみると、邪馬台国と狗奴国との争いがいよいよ深刻化していくにつれて、魏との往来が頻繁になる様子がうかがえる。卑弥呼の使者は、このように景初三年を皮切りに正始四年、正始八年と魏の都に行っている。『魏志』倭人伝では、景初三年以後の使者はいずれも都にまで行っているように書かれているので、帯方郡までしか行っていない使者については記録されていないと思われる。

対馬からは、日本で普通に製作されていた青銅器とは異なる異型銅器というものが発見される。これらを出土した遺跡は、対馬中央部の旧豊玉町の唐崎遺跡、シゲノダン遺跡のように、朝鮮半島に面した入江の丘に立地している。永留久恵は「この被葬者らは、倭国と韓国を往来して、交易を行った有力者だったにちがいない」とした(註14)。

邪馬台国時代に作られたこの銅矛を所蔵する神社、出土地は、明らかに朝鮮半島側の海岸に多く分布し、島の中央部に集中する様子がわかる【図43】。

これらの銅矛が神社に伝世していても、永留が推定するように、神社は、これらの銅矛の埋納され

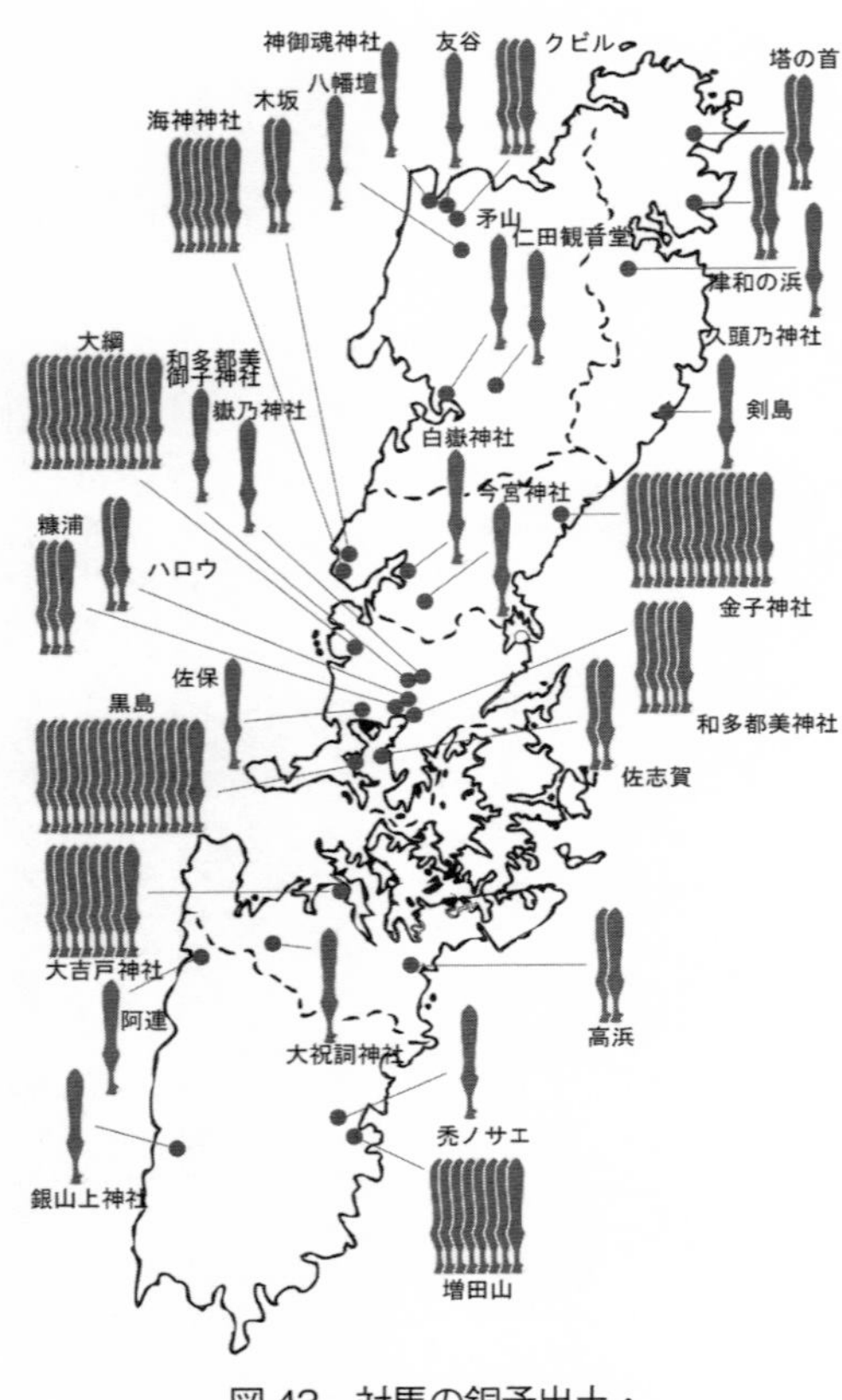

図43 対馬の銅矛出土・保管地点とその数

た場所に鎮座した可能性も強く、狭い平野も山に囲まれて閉鎖的な村落に終始した性格からみても、銅矛が出土した後に島内を移動したことはあまりないと思われる。

この銅矛の出土状況から、永留はこれらの入り江を根拠地として、南（九州）と北（朝鮮半島）の南北市糴に携わった有力者の祭祀跡と考えた。

この異常な量の銅矛の出土数と、それらが朝鮮半島を望む西海岸に多く発見されているという事実は、「対馬島内の共同体内での宗教儀礼に終始したと考えられるだけでは首肯しがたい」(註15)ものであり、早くから、航海の安全を願う海上活動に関係した祭儀の中で重要な役割を果たしてきたと指摘されてきた。(註16)

第三節　魏の使者はどこまで来たのか

魏が送った三回の使者

中国から初めて正式な使者が来たのは、景初三年の卑弥呼の朝貢に対応した正始元年（二四〇）のことで、使者は、帯方郡太守弓遵の送ってきた建中校尉梯儁（ていしゅん）等である。先の「親魏倭王」印などを倭国に運んできたものである。

「正始元年、太守弓遵、建中校尉梯儁等を遣わし、詔書・印綬を奉じて、倭國に詣り、倭王に拜假し、幷びに詔を齎し、金帛・錦罽・刀・鏡・采物を賜う。」

（正始元年（二四〇）、帯方太守の弓遵は、建中校尉の梯儁らをおくり、詔書と印綬とをたずさえて倭国に行くと、倭王に位を仮授し、同時に詔とともに金・帛・錦罽・刀・鏡・采物（身分をあらわす采のある旗や衣服）を下賜した。）

『魏志』倭人伝の中には、正始八年に魏本国からの派遣された張政の記事を除いて、帯方郡からの使者は、この正始元年のものを含めて少なくともあと二回来ていることを記している。

「其の六年、詔して倭の難升米に黄幢を賜い、郡に付して假授せしむ。」

（同六年、詔があって倭の難升米に黄色の幢（旗さしもの）が下賜され、帯方郡を通じて本人に仮授された。）

次の中国からの使者は、正始六年である。この時、魏の少帝が、帯方郡をとおし、難升米に黄幢を仮授した。この派遣は、その二年前の正始四年に卑弥呼が、伊声者・掖邪狗らを遣わしたのを受けてのものであろうが、魏は邪馬台国を冊封する証として難升米へ黄幢を仮授した。

このときの正始六年の使者について、津田左右吉は「そのときには特殊な政治的意味はなかったようであるし、一体に「貢献」とか「朝貢」とかシナで称せられることも、通常の場合には何らかの財貨を得るのが目的であったろう」と政治的な意義をあまり認めていない。

魏が公孫淵から楽浪郡を回復し、新しく倭との関係を築く意義があったための使者であることを考えれば、喫緊の課題解決を目途とした政治的意味がなかったとは言えない。しかし、津田が言うように「何らかの財貨を得るのが目的であった」使者であった可能性もある。

「其の八年、（中略）塞曹掾史張政等を遣わし、因って詔書・黄幢を齎らし、難升米に拜假せしめ、檄を爲りて之を告喩す。」

（帯方郡から）塞曹掾史の張政らが遣わされ、そのついでに（六年に下された）詔書と黄色の幢をたずさえていって難升米に仮授するとともに、檄文によって（両国が和解をするよう）教えさとした。）

この三回目の正始八年の使者には、津田左右吉もその政治的メッセージを重視する。

「正始八年（二四七年）にはやや政治的意味のある交渉が生じている。それは、邪馬台国が狗奴国と衝突したために、その事情を帯方郡に訴え、郡の太守が官吏を邪馬台に派遣して告諭させた、ということである。小国分立して互いに勢を争うときには思想上に何らかの権威を有することがその間に利を得る好方便であるから、邪馬台もこの意味で帯方郡の威を借りようとしたのかもしれぬ。さすれば、これに似たことが前にもなかったとはいわれぬ。文化圏として諸国が一般に崇敬している支那に親しいということは、政治的勢力の上においても、少なくともこれだけの利益はあったろう。(註17)」としている。三回目の来倭は、まさに邪馬台国と狗奴国が緊張状態にあったときであり、魏にすれば、魏の権威が最大限に発揮できるチャンスであった。

魏の使者が来たところ

正始元年から正始八年までの三回の使いがどこまで来たのかは定かでないが、『魏志』倭人伝中の伊都国の記述部分が長いこと、伊都国までの旅程と方位の書き方が、それ以前とそれ以後で異なることなどから、使者は、伊都国まで来てそこでとどまり、記録をしたためたと考える研究者が多い。このことによって新たな「放射説」という位置論を見出した榎一雄の研究は有名であるが、これは以前に述べたのでここでは省略する（『初刊』第一章第一節）。

考古学的にみると、海岸部の遺跡から点々とその時期の大陸系遺物が出土するが、これらは前に述べた三回の正式な使者ではなく、「何らかの財貨を得るのが目的であった」交易的な渡来があったことを示している。その交易は、間接的に九州内部や西日本各地に及んでいたことが、その時期の朝鮮半島の土器である三韓土器や楽浪土器の発見からわかる。この時期のこうした土器は、もちろん九州、特に伊都国と朝鮮半島をつなぐ対馬・壹岐に数多く出土している。武末純一によると二世紀後半から三韓土器が、大阪上之宮遺跡、四つ池遺跡などに入っていて、この段階に九州から近畿地方に至るルートがつながっているとした。(註18)ルートはあるにしても、出土数において、圧倒的に少ないこうした土器を、どこまで政治的関係にまで発展させて評価するかは、今後の課題であろう。

先に帯方郡への派遣使者は、記録されていないだけで、何度かあったと推測したが、同様に、朝鮮半島や楽浪からの非公式な来倭はかなりあったと思われる。しかし、魏からの正式な使者の派遣は、特別な意味を持つものと思われ、正始八年の記事を含めた三回の派遣記事は、中国側からの公式派遣をすべて書いているものと思われる。

伊都国の中心部と想定される三雲・井原遺跡群の特定の場所からまとまって多量の大陸系製品が出土している。

特に三雲遺跡番上(ばんじょう)Ⅱ－5地区は、特殊な性格を持っている【図44】。その番上地区の位置であるが、三雲遺跡群のほぼ中心にあって、内陸部の港湾でないことは明らかである。ここに伊都国あるいは倭の対外交渉に関連した施設があったと考えざるを得ない。この遺跡では、弥生時代後期後半から末にかけての極めて多量の土器が出土する単純な包含層が調査された。それに朝鮮系の楽浪土器片が、図化できるものでも約三十点含まれている。調査を報告した児玉真一は、「番上Ⅱ－5は朝鮮系外来土器や搬入土器が多量に出土し、『邪馬台国』の外交の門戸たる「伊都国」の側面をものがたる重要な資料であるとともに、古墳時代前夜の国内事情や外交関係を推測する上で貴重な資料といえよう。」

図44　番上Ⅱ-5地区の位置とそこから出土した三韓土器・楽浪土器

と述べている。[註19]

伊都国だけでなく、倭全体の対外交渉に関わる重要な拠点があったことも考えられる。

文化人類学者大林太良は、次のように書いている。

「『倭人伝』の「国」が、われわれの考えるような国家ではなく、むしろ都市を意味することを示しているが、その証拠に〈国々に市あり、有無を交易し、大倭をしてこれを監せしむ〉という文句があって、ちょうど十三世紀のブルネイ王国やミンドロ島のマイト国のように、原住民の有力者の監督・保護下に、外国商人と原住民が交易を行う市場を中心として発達した都市が〈国〉であることが分かる[註20]」。

大林のこの考えに対して、岡田英弘は、港市のある伊都国をはじめとする玄界灘沿岸の後背地、すなわち、筑紫平野があって、筑紫平野と玄界灘沿岸部の両者の緊張感の中で『魏志』倭人伝にえがかれる一連の動きがあると考えた。(註21) 筆者も全くこの意見と同じである。邪馬台国の窓口としての伊都国の重要性があり、魏の使節は、当然この地を拠点としたのであろう。

第四節　考古学からみた交易

交易形態の変化

魏使の中でも中央政権から直接使いが来たのは、正始八年、魏の第三代皇帝曹芳(そうほう)が派遣した張政だけである。卑弥呼に「詔書・黄幢を齎(もた)らし、(中略)檄を爲(つく)りて之を告喩す」ために来たのである。倭の使節の記録が、魏の都まで上ったことに限られているのと同じく、中国からの使者も正使しか記録に残らないが、魏政権本体から正規に送り込まれた使者の記録は、これだけだった。

しかし、第一節で述べたように、実際は考古学的調査によって、既に弥生時代前期からずっと継続して、交易・交渉がありながらも、記録上残されていない交易が存在したことは否定できない。弥生時代の中でも、倭と朝鮮半島の交易拠点や仲介者は徐々に変わって来ている。

白井克也は、その貿易の形態を勒島貿易‐原の辻貿易‐博多湾貿易と呼んだ。(註22)

弥生時代中期初頭までは、朝鮮半島で当時使われていた朝鮮系無文土器が北部九州でみられたが、弥生時代中期前半にはそれが入って来なくなる。土器を持ってくる人ではなくて、青銅器や鉄器などの物が交易品として入って来ている。そこに朝鮮半島との交易があったはずである。白井は、日本の弥生土器がたくさん出土する慶尚南道の勒島（ヌクド）遺跡に着目し、その地を重要な交易拠点と考えた。そこを中心に行われた朝鮮半島と倭の間の貿易を「勒島貿易」と名付けて、そこを北部九州の倭人が交易のため一時滞在した痕跡と考えた。

その後、弥生時代中期後半以後、勒島遺跡に加えて、船着き場も発見されている壱岐原の辻遺跡が交易拠点として重要性が高まり、交易の担い手になったと考えた。白井はこれを「原の辻貿易」と名付けた。「原の辻貿易」というと、原の辻遺跡に拠点が移り、そこが中心になったようにとらえられがちであるが、原の辻遺跡だけで行ったという意味ではなく、対馬も含めて、朝鮮半島や北部九州の各地域の人が、この地を経由して貿易をしていたということである。

筆者は、この段階頃までは、山陰・瀬戸内・近畿などの西日本各地の勢力が直接的にこの貿易に関与していたわけではないと考えている。というのは、この時期の朝鮮半島の土器（弥生時代中期後半から後期前半）が出土するのは、北部九州の海岸沿いの遺跡に限られているからである。原の辻貿易が続く中で、その先端というか末端というか、近畿地方までその貿易の恩恵にあずかるような大陸製品、具体的には王莽（おうもう）の新時代の貨泉などが持ち込まれる。

邪馬台国時代に相当する、弥生時代後期後半になると、貿易のあり方は政治的交渉を伴うようになると考えられる。『魏志』倭人伝にも、西暦五七年と一〇七年に朝貢した記事があるが、その拠点となるのは楽浪郡である。糸島市の御床松原遺跡や深江井牟田遺跡、曲り田遺跡のように海に面した港にその地の楽浪土器が散発的に出土するのは、交易する人々が持ち込んだ状況を示し、公的な貿易とは言えないのかもしれない。

弥生時代の終末になると、大阪府の久宝寺遺跡や島根県山持遺跡、中野清水遺跡、古志本郷遺跡では、海沿いを転々と渡ってきた三韓土器や楽浪土器が出土したり、明らかに三韓土器や楽浪土器ではないが、それを見よう見まねで作ったものが、吉備地方や近畿地方に出現する。時間の経過とともに大陸との交渉の余波が拡大していく。

古墳時代に入ると、陶質土器や楽浪土器の分布が博多湾沿岸に集中し、そこを拠点として集約的・管理的な貿易が行われるようになる。これを白井は「博多湾貿易」と名付けた。これは、後背地である筑紫平野の弥生時代来の勢力が衰え、博多湾沿岸部がいち早くヤマト王権の傘下に入った結果とみてよいのではないか。弥生時代から古墳時代初頭にかけて、このように朝鮮半島系の遺物が出土するが、中国産のものがほとんど入ってこない。あくまでも楽浪郡を介して入ってきた品物であるということに注意すべきである。

筆者は、邪馬台国時代に港市都市のある伊都国をはじめとする玄界灘沿岸のクニグニがあり、その後背地である筑紫平野のクニグニは、有力な遺跡、特に環濠をめぐらしたムラを指していると述べた。大林はこれを「都市」と表現したが、「都市」と呼ぶかどうかは別として、国を面的に境界によって区切られた範囲を指すのではなく、「ムラ」「都市」の呼び名は違ってもポイントを指している点では、筆者も大林の意見に賛成である。

伊都国をはじめとする玄界灘の国々と筑紫平野のクニグニの両者の協力関係の中で『魏志』倭人伝にえがかれる「大倭」や「一大率」が出てくる。

大倭・一大率の役割

大倭は、大和朝廷そのものであったり、機関の名称とする考えと、大人身分の倭人の中でも、特に選ばれた大人とする意見がある。

喜田貞吉は、『魏志』倭人伝にある「國國有市　交易有無　使大倭監之（國國市あり。有無を交易し、大倭をして之を監せしむ。）」の中の「大倭」を大和朝廷そのものであると考え、大和朝廷の力が九州の邪馬台国に及んでいたと解釈した。喜田は、魏使が政治状況に通じておらず、九州地方にある倭国を女王権力の下にあると誤解せしたために、単に『大倭』の名だけを聞いて、女王が大倭を任じて市や交易を監督させたと理解し、邪馬台国を九州、大和朝廷を畿内という立場にたった（註23）。

岡田英弘は、その倭の外交体制が倭人社会の中から芽生えたものではなくて、「もっぱら中国側が倭人との貿易の管理の便宜を計って設置したもの」という斬新な考えを示している。この中に「大倭」も含まれる。岡田は倭国王でさえ、中国側が設置した機関だとする。このように、外交にかかわる役人を中国の使者とする考え方は、松本清張もしているが、筆者はやはり従来から言われているように、邪馬台国からの派遣とみる方が良いと思う。

岡田は次のように書く。少し時代はさかのぼるが、中国でおきた黄巾の乱により、楽浪郡が機能せず、その後ろ盾を失った倭の諸国は、特別秀でた国もなく、従来の倭国王の権威にすがって生きようとする。その中で、倭国大乱が起こるが、「そこで選ばれたのが、これまで中国貿易の利権と縁のなかったクリーンな宗教的指導者、すなわち〈鬼道に事え、能く衆を惑わし、年すでに長大なるも、夫壻なき〉女王卑弥呼だったのであり、その政治力のなさが買われたのである(註24)」と述べている。そこまで卑弥呼の評価を下げなくてもよさそうなものであるが、筆者は前回の著作でも書いたように、卑弥呼に過大な権力を見出すことができないことも確かだと思っている。

「大倭」や「一大率」が、中国側の要求によって設置されたかどうかは不明であるが、それらの役職を持った人物が、伊都国王と並列して存在していることからも、当時の社会が完全に絶対的な権力をもつ王(指導者)のもとに一元支配された体制ではなかったことを示している。

大倭・一大率が活動する主要な場は、対馬国・一支国・末盧国・伊都国・奴国であろう。そこは、筑紫平野のクニ連合(邪馬台国連合)と漢・魏あるいは楽浪郡との交渉の中間にある。その地域は、南北両方からの干渉があったことが想定される。そうした中で、大倭・一大率の立ち位置は、「刺史のごとく」一定の権限を有しながらも、「諸國を検察せしめる」ようなより大きな権力のもとにあるという、複雑なものだったことが想定される。

第六章　『魏志』倭人伝と東アジア

第一節　陳寿が『魏志』倭人伝を著した背景

魏志が書かれた背景

『魏志』の中の倭人伝は、他の東夷の国々に比較して文字数も多く、詳細に描かれている。中国に近く情報量の多い韓（朝鮮半島）の方がより詳細に書かれている方が当然だと思われるが、『魏志』韓伝が千五百字弱の字数に対して、『魏志』倭人伝はそれより多く約二千字の情報量がある。

『三国志魏志』の舞台となったのは、後漢～魏（晋）時代の中国であった【図45】。

『魏志』を編纂したのは、陳寿が歴史編纂官の著作郎（ちょさくろう）に従事していた時期である。それは太康元年（二八〇）以後である。そして陳寿の後ろ盾になり、中央政界への進出の足がかりを作ってくれた張華（ちょうか）という人物が、陳寿の書いた『三国志』の評価をめぐって別人と論争し、陳寿を擁護したのが太康十年（二八九）である。ということは、陳寿が三国志を書いたのは、二八〇～二八九年の間ということになる。

渡辺義浩は、『魏志』倭人伝が書かれた背景にあるのは、陳寿が自分を用いてくれた恩のある西晋の司馬氏の正当性を認めるために、西晋と対立した呉の背後にいた倭人を重視した記述になったとした。それこそ陳寿が、「東夷伝最大の字数を費やして倭国の条を執筆した理由」だとし、「景初年間に公孫淵を滅ぼした司馬懿の功績を称揚するためなのである」とした。[註1]

時の政権は晋の武帝司馬炎の時代である。この晋の武帝は、司馬仲達（司馬懿）の孫に当たる。仲達は、蜀と魏の戦いの一つである五丈原の戦いで、「死せる孔明、生ける仲達を走らす」に登場する人物である。この名文句は、蜀の丞相諸葛孔明が、生前に命じてつくらせていた木像をみて仲達が戦わずして逃げた有名な場面の話である。

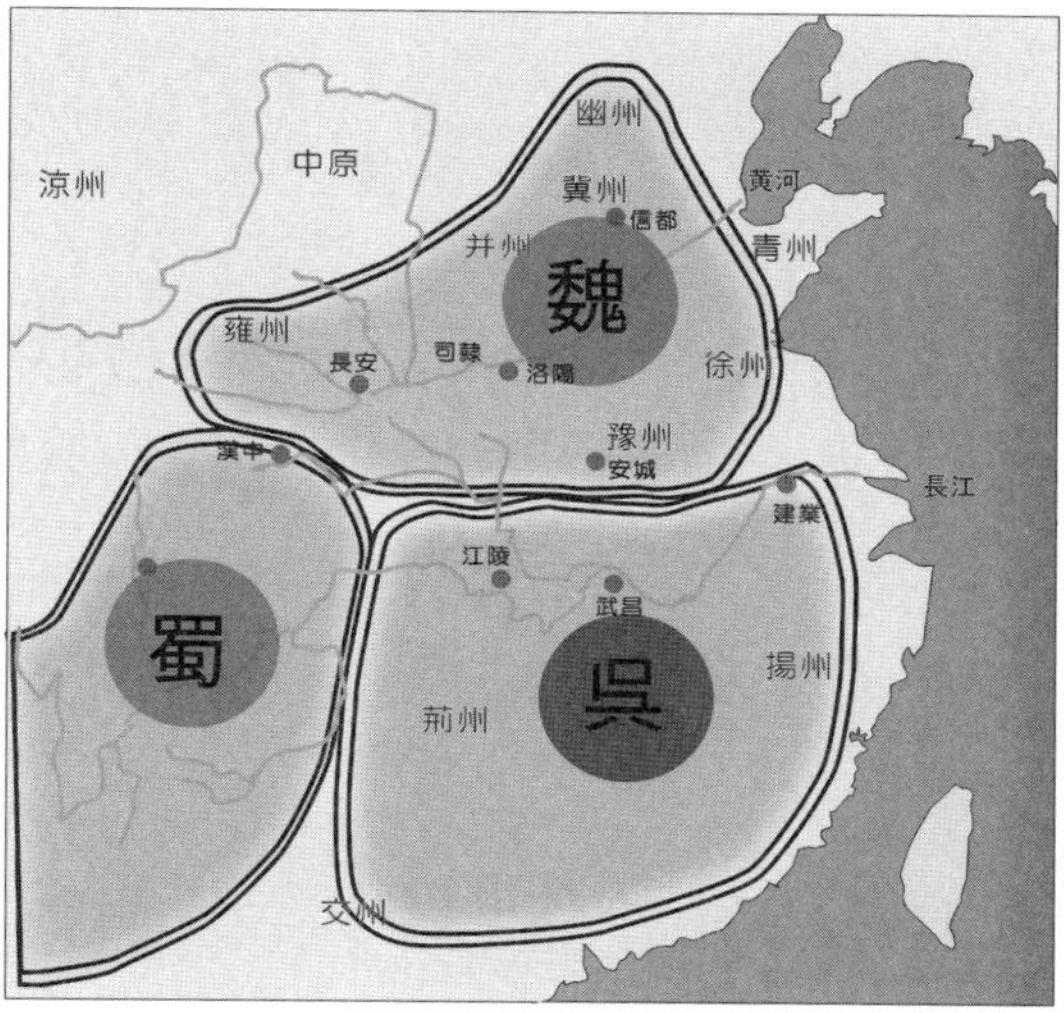

図45　魏・呉・蜀三国が鼎立した時代の中国

司馬一族は、河南省河内郡出身の地方豪族であった。蜀との争いの一方、景初二年高句麗を支配していた公孫淵を倒して、その地を魏に服属させ、さらに楽浪・帯方の二郡の復活に成功した。ちなみに倭王卑弥呼の使者が、回復した帯方郡に送られて来たのは、翌年の景初三年とされる。司馬懿からその子の師、その弟の昭、その子の炎と続いた四代目で、ついに晋の国を立ち上げた。

嘉平元年（二四九）宮廷内で勢力を二分していた相手方の旗頭である曹爽の一族・一派を皆殺しにして魏朝廷の権力を一手に握り、泰始元年

中国年代	西暦	できごと
燕の照王 28 年	BC284	燕の将軍秦開が遼東半島に遼東郡など５郡を設置し、古朝鮮の力が衰え、辰韓・弁韓が南下移住して、鉄器文化が流入する。
	BC221	秦始皇帝による中国統一
	BC202	漢高祖劉邦による中国統一
前漢の恵帝元年～前漢の小帝４年	BC194-180 年頃	遼東から逃げてきた衛満が箕氏朝鮮の箕準を追い出し、衛氏朝鮮を設立する。箕準は南の辰国に亡命し準王を名乗る。
	BC150 年頃	衛氏朝鮮が真番（黄海道）を征服したため、韓族は南に移動する。
前漢の武帝元朔元年	BC128	漢が濊の地に滄海部を設置する。
前漢の武帝元封２年	BC109	漢の武帝が衛氏朝鮮を攻撃する。
前漢の武帝元封３年	BC108	内部崩壊により衛氏朝鮮が滅びる。漢により真番・臨屯・楽浪の３郡が設置される（BC107 に設置された玄菟郡と合わせて漢４郡という）。
前漢の武帝元封５年	BC82	漢は真番・臨屯郡を廃し、楽浪・玄菟郡に含める。
新の王莽初始元年（居摂３年）	AD8	漢が滅亡し、王莽が新を建国する（AD25 年まで）。
後漢の黄武帝建武元年	AD25	黄武帝により漢が再興され後漢と称す（AD220 年まで）。
		楽浪の土豪王調が反乱をおこすが、楽浪太守王遵により平定される。
	AD2C 中頃	楽浪で漢の力が衰え土着人を県尉に任命し自治を許す。
後漢の建安 12 年	AD207	公孫氏、真番に帯方郡を設置する。
魏の太和２年	AD228	公孫淵が公孫恭から遼東大守の地位を奪う。
魏の青龍４年	AD236	高句麗が魏の使者を斬り、呉に近づく。
魏の景初元年	AD237	魏が年号を景初と改め、服色を黄色に改める。
		公孫淵が自立して燕王と称する。
魏の景初２年	AD238	司馬懿が公孫淵を討伐する。
晋の泰始元年	AD265	司馬炎が魏から皇位を禅譲され晋を建国し武帝を名乗る。
晋の泰始２年	AD266	倭人が晋に朝貢する。
晋の太康元年	AD280	晉武帝、呉を滅ぼし中国を統一する。
晋の建興元年	AD313	楽浪郡が高句麗により滅ぼされる。

図 46　中国戦国時代～三国時代の朝鮮半島・中国東北部の歴史

（二六五）魏最後の元帝から司馬炎が禅譲を受け、新たに晋を建国した。二八〇年には、司馬炎は、呉を滅ぼして三国時代を終わらせ中国を統一した。

歴然とした文明の差

日本史上、原始（史）時代と呼ばれていた時期の邪馬台国（倭）が付き合っていた中国は、中国史の区分の上では「古代」から「中世」への転換点に当たる。もっとも中国史の研究者の中では、いわゆる京都学派と東京学派の間でその区分については、長く論争がなされている。

京都学派の一人、宮崎市定は、内藤湖南以来の京都学派中国時代区分論を受け継ぎ、後漢時代までを「古代」に、魏時代を含めた中国の三国時代を「中世」にとらえている。（註2）

宮崎は、古代から中世への転換を社会の発展を古代から一段高いところに置く考え方や、古代の奴隷制度が農奴制度に変わったところを転換点とする唯物史観を「階級闘争理論などで解ける問題ではない」と批判的にとらえている。宮崎は、中世になっても古代の発展しかけた貨幣経済の衰退や比較的自由になりかけた人間関係が、貧富の差を助長させるなど中世的なところをもとに戻すような動きがあって、進歩と衰退が中世の特色だととらえた。

異民族の侵入は重視される。これは漢以後の中央政府の弱体化が招いた結果であるとしている。もう一つ重視したのは、中国独自の封建制である。ヨーロッパ型の君主―領主の関係ではなく、中国中世の貴族は君主の下にありながら極めて独立性の強いもので、こうした制度は中国だけに適用される

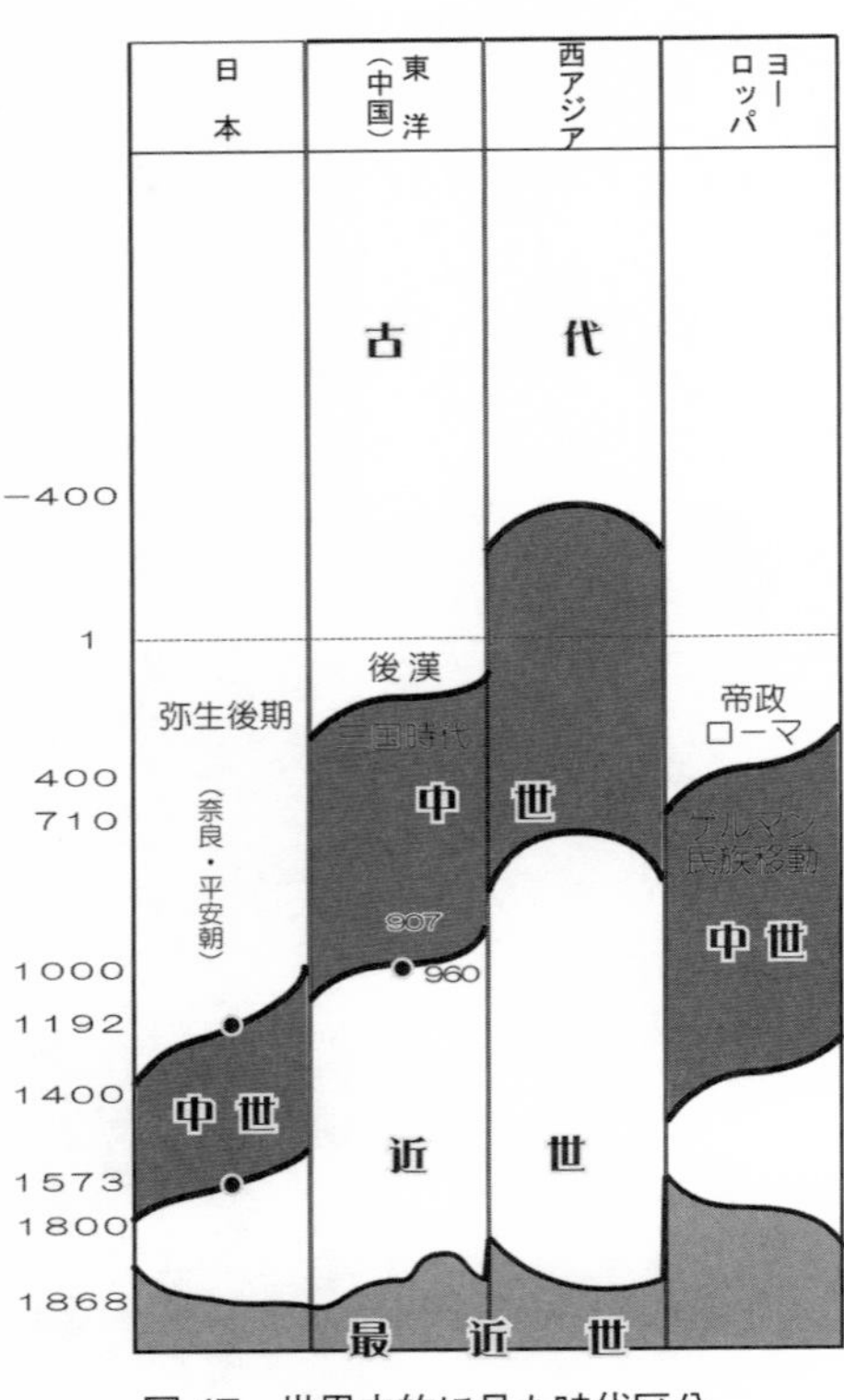

図47　世界史的に見た時代区分

ものだとした。

これに対して、前田直典(なおのり)は土地所有制度と奴隷・農奴から唐代までを奴隷制度が行われたので古代とし、大土地所有制に基づくその土地に働く佃戸(でんこ)などは土地に縛り付けられた農奴として、宋以後を中世ととらえた。[註3]

世界史においても、日本史においても、「中世」の概念規定は様々で、簡単に封建社会＝中世といえるわけではない。土地所有における封建という制度についても、中国の封建制とヨーロッパの封建制とは全く違う形態であり、中国内でも、漢や宋を問題にするだけでなく、紀元前にさかのぼる周の時代に封建制が成立していたという見方もある。[註4]古代・中世などの時代区分の概念は、もともとヨーロッパに発達した歴史学上の区分であって、それが即座にアジアやその一部の日本で応用されるはずはないのであるが、ここでは明らかに、弥生時代という原始（史）時代に属す倭の交渉した中国は、数段発展した社会であったことは間違いない【図47】。その中国の史書であるゆえに、倭の描き方、倭の見方にそうした先進的なものの見方が入っていることを忘れてはならないだろう。

倭人伝にはどうして「人」が入るのか

このような、社会の仕組みが発達していた中国からみて、倭は「国」の体をなさず、倭国伝ではなく倭人伝と「人」と表現されているのには、それなりの理由があったのではないだろうか。

三国鼎立時代から晋の統一という激動の政治情勢の中で、『三国志』を編纂した晋は、現政権こそが、後漢→魏→晋の権力継承の正統性を有することを示さなければならないと考えた。そして魏から晋への政権移譲は「禅譲（ぜんじょう）」という、非暴力的で有徳な人物に政権が譲られたという形式を示したものでなければならなかった。さらにもう一つ重要なことは、『三国志』が魏のみ一国の歴史ではなく、呉・蜀全部の歴史をまとめ上げ、それらの終わりに晋の正統性があることを含めて、まとめなければならないということである。

後漢の衰退以後、魏・呉・蜀の三国によって中国の覇権が争奪されてきた一つの時代が終わり、晋における次の課題は周辺諸国の脅威から自国を守ることである。

東洋史学者の山尾幸久は、『魏志』倭人伝を書いた陳寿（二三三－二九七）が編纂を行った時代に注目した。どうしてそのようになったのか、『三国志』の魏書に、倭を含めて東夷のことが書き記されていることについて、山尾は、陳寿の「四夷の変に備えん」の言の背景に、景初元年からの公孫淵と

の戦いや高句麗の謀反など東方の外患があったとしている。(註5)

そのために、晋を取り巻く周辺諸国の情勢をつぶさにみておく必要があったのが、この『魏志』倭人伝に記された二千文字弱の詳細な報告文であった。

他の東夷の国々は、夫餘、高句麗、東沃沮(ひがしよくそ)、挹婁(ゆうろう)、濊(わい)、韓のようにその地名で終わっているのに、どうして倭だけが倭人と「人」がついているのであろうか。中国からみれば、まだ倭の地は、倭という範囲でそこを代表する政権がなかった、すなわち国の体をなしていなかったのではないだろうか。それにも関わらず倭は、詳しく書かなければならなかった。そこにも倭の特殊性がある。未知に近い場所からもたらされる情報、あるいは数少ない魏の使節からの報告は、書きとどめておくに十分な価値があったのであろう。そして、渡辺が指摘するように、陳寿がことさら倭を持ち上げなければならなかった「個人的な事情」もあったのであろう。

第二節　中国は日本をどうみていたのか

『魏志』倭人伝は歴史書か

『魏志』倭人伝は、私たちが知らない、遠い過去のことを記録してくれた歴史書である。現代の私たちは、そのことに違和感を持たず読んでいる。それでは、当時『魏志』倭人伝を書いた陳寿は、それを後世の人たちに読んでもらうことを目的に書いたのだろうか。

宮崎市定は、中国で歴史書が書かれる理由を次のように書いている。

「古代人にとって記録とは、史実を後世に伝えようというふうな関心ではなく、もっとその当時における今日的な目的のためになされた痕跡にすぎないので、決して後世の歴史家が学問的に考えて書き残した著述のようなものではない。(註6)」

そのために、そこに書かれたことは、選りすぐられた歴史の一部でしかなかったり、また時には、すべて史実とは限らないとも言える。今日（その当時という意味）のために書いたものであることは、『魏志』倭人伝の冒頭に書かれた文章を読むとわかる。

長い文章なので、その意を短くしてお伝えすることにしよう。

1、中国では、中華思想が伝わっていない地域がある。そこは、ときどき朝貢に出向いてくるが、中国の方から入っていったことはない。

2、かつて漢王朝の時、張騫を派遣したので、西方の国々は毎年朝貢に訪れるが、東夷という東方の国々は、後漢に敵対する公孫淵が三代にわたって、遼東の地を領有したため、漢もその地域に踏み込めず、その地域からの朝貢も途絶えた。

3、しかし、景初年間に、魏は公孫淵を滅ぼしたので、東方の海まで進出することができた。

4、言い伝えでは、そこに不思議な顔つきの人種がいるというので、そのあたりの国々を観察してまわり、その掟や風俗、身分などを調査し記録することになった。

5、その地では、自分たちの祭祀の儀礼がある。もし中国に礼が失われたときには、そうした異民族に礼を求めるということがあるかもしれないので、これらの国々を順に記述し、それぞれの異なった点を列挙して、これまでの史書を補おうとするものである。

このような内容である。さてこの文章は、どうして中国が倭に接することになったのか、その意図と契機を端的につづっている。

1、2、3は、倭国王帥升が西暦一〇七年に安帝に朝貢して以降、直接中国に出向いた形跡がなく、なぜ景初三年から濃厚な接触が始まったのか、その理由がわかる。

4は、『魏志』倭人伝にその地政学的内容が網羅されている理由がわかる。

5は、あからさまにそれらの国々を支配する目的があるとは書いていないが、礼を求める、つまり礼を要求するという中華思想が背景にあることが読み取れる。

歴史書は、後世に残すために書かれたものではなく、現時点での正当性や立場を知らしめんがために書かれるものである。私たちが『魏志』倭人伝の内容一つ一つを鵜呑みにせず、かみしめて疑いながら読まなければならないゆえんである。

ベネディクト・マイネッケの言うところの「歴史はすべて現代史である」ということが、その時点における古代中国にも当てはまるのである。

註

第一章

（1）倉野憲司　一九五八「解説」『古事記　祝詞』日本古典文学大系、岩波書店
（2）小林秀雄　二〇一四『学生との対話』新潮社
（3）城福勇　一九八〇『本居宣長』吉川弘文館
（4）津田左右吉　一九二四『古事記及日本書紀の研究』岩波書店

第二章

（1）高島忠平　二〇一九「邪馬台国の条件を探る」『季刊邪馬台国』一三七号、梓書院
（2）佐賀県文化課文化財保護室　二〇二〇『吉野ヶ里遺跡—弥生時代総括編1—』佐賀県文化財調査報告書第二二七集、佐賀県
（3）森本六爾　一九三五「考古学」『歴史教育講座第二輯』四海書房
（4）小林行雄　一九三九「弥生式土器聚成図録・解説」東京考古学会
（5）杉原荘介　一九四三『遠賀川』葦牙書房
（6）杉原荘介　一九五五「弥生文化」『日本考古学講座』四、河出書房
（7）森貞次郎　一九五五「弥生文化各地域の弥生式土器北九州」『日本考古学講座』四、河出書房
（8）森貞次郎　一九六六「九州」『日本の考古学Ⅲ　弥生文化の発展と地域性』河出書房新社
（9）小田富士雄　一九八三「九州の弥生土器」『弥生土器Ⅰ』ニューサイエンス社
（10）橋口達也　一九九九『弥生文化論—稲作の開始と首長権の展開—』雄山閣出版
（11）福岡県教育委員会　一九七九「Ⅲ　祇園山古墳の調査」『九州縦貫自動車関係埋蔵文化財調査報告ＸＸⅦ』福岡県教育委員会
（12）藤尾慎一郎　二〇〇九「弥生時代の実年代」『弥生農耕のはじまりとその年代』新弥生時代のはじまり第4巻、

雄山閣

(13) 尾嵜大真　二〇〇九「日本版較正曲線の作成と新たなる課題」『弥生農耕のはじまりとその年代』新弥生時代のはじまり第4巻、雄山閣

(14) 小田富士雄　一九七〇「2弥生土器から土師器へ」『狐塚遺跡』所収

(15) 柳田康雄　一九八三「伊都国の考古学―対外交渉のはじまり―」『九州歴史資料館開館十周年記念　大宰府古文化論叢』吉川弘文館

第三章

(1) 第一章註4に同じ

(2) 金関丈夫　二〇〇三「倭人のおこり」『史話　日本の古代　第二巻　謎に包まれた邪馬台国　倭人の戦い』作品社

(3) 水野　祐　一九六六『日本古代国家』紀伊国屋書店

(4) 春日市教育委員会　二〇一七『須玖タカウタ遺跡3』春日市文化財調査報告書第七七集

(5) 片岡宏二　二〇〇六『弥生時代 渡来人の土器・青銅器』雄山閣出版

(6) 藤堂明保・竹山晃・影山輝國　一九八五『倭国伝』中国の古典十七　学習研究社

(7) 柳田国男　一九四〇『伝説』岩波書店

(8) 註5に同じ

(9) 註6に同じ

(10) 第二章 註15に同じ

(11) 田中　琢　一九九一『倭人騒乱』日本の歴史②、集英社

(12) 布目順郎　一九九五『倭人の絹　弥生時代の織物文化』小学館

(13) 藤尾慎一郎　一九八九「九州の甕棺」『国立歴史民俗博物館研究報告』第二十一集

(14)佐々木四十臣　二〇〇五「第三編　中世　第二章　南北朝時代　第五節　征西将軍宮と対外交渉」『広川町史上巻』広川町史編さん委員会
(15)小林敏男　二〇〇七「第一章　邪馬台国と女王国」『日本古代国家の形成』吉川弘文館
(16)網野善彦　二〇〇五『続・日本の歴史を読み直す』ちくま学芸文庫

第四章

(1)秋本吉郎校注　一九五八『風土記』日本古典文学大系二、岩波書店
(2)第一章 註4に同じ
(3)筑紫　豊　一九七八『倭韓人』文献出版
(4)片岡宏二　一九九六「大和政権の支配と地域社会」『小郡市史地理・原始・古代編』第3編第1章　小郡市史編さん委員会
(5)片岡宏二　二〇〇〇「古代の点と線―筑紫平野の郡（評）の位置を決める法則―」『古文化談叢』第四四集
(6)吉野ヶ里遺跡：佐賀県教委一九九七『吉野ヶ里遺跡』佐賀県文報一三二集
津古東台遺跡：小郡市教委一九九四『津古遺跡群Ⅱ』小郡市文報92
みくに保育所内遺跡：小郡市教委一九八一「みくに保育所内遺跡」小郡市文報8
ヒルハタ遺跡：筑前町町史編さん委員会二〇一六『筑前町史』上巻
平塚川添遺跡：甘木市教委二〇〇一『平塚川添遺跡1』甘木市文報53
水分遺跡：久留米市二〇一六『水分遺跡　第5次調査遺物編』久留米市文報三六四
西山ノ上遺跡：八女市教委二〇〇四『西山ノ上遺跡（1・2次調査）』八女市文報70
日永遺跡：福岡県教委一九九四『日永遺跡Ⅱ』一般国道浮羽バイパス関係報7
北山今小路遺跡：立花町教委一九九三『北山今小路遺跡Ⅰ』立花町文報6
西蒲池池淵遺跡：九州歴史資料館二〇一四『西蒲池池淵遺跡Ⅱ』福岡県文報二四三

天神浦遺跡：広川町教委二〇〇一『天神浦出土銅矛』
藤ノ尾柿添遺跡：福岡県教委二〇一〇『藤の尾垣添遺跡Ⅲ』九州新幹線関係文報16
（教委＝教育委員会　文報＝文化財調査報告書の略）

（7）原秀三郎　二〇〇四『日本古代国家の起源と邪馬台国―田中史学と新古典主義―』國民會館叢書五一、國民會館

（8）石野博信　二〇一九「邪馬台国時代、吉備と出雲連合は大和に新王権を樹立したか」『季刊邪馬台国』第一三七号、梓書房

（9）門脇禎二　二〇〇八『邪馬台国と地域王国』吉川弘文館

（10）第二章 註1に同じ

（11）九州歴史資料館　二〇一四『東九州自動車道関係埋蔵文化財調査報告13』福原長者原遺跡第3次調査　福原寄原遺跡第2・3次調査、福岡県教育委員会

（12）第一章 註4に同じ

（13）ブルース・バートン　二〇〇一『国境の誕生―大宰府から見た日本の原形』日本放送出版協会

（14）近江俊秀　二〇一九「時代を超えて受け継がれる境界」『境界の日本史―地域性の違いはどう生まれたか』朝日選書

（15）岡崎　敬　一九七七「結語」『立岩遺蹟』立岩遺蹟調査委員会

（16）吉田東伍　一九七一『増補　大日本地名辞書　西国』冨山房

（17）熊本県教育委員会　一九九六『蒲生・上の原遺跡』熊本県文化財調査報告書第一五八集

（18）杉井健　二〇一八「弥生時代後期集落の消長より見た古墳時代前期有力首長墓系譜出現の背景」『国立歴史民俗博物館研究報告』第二一一集、国立歴史民俗博物館

（19）村上恭通　二〇〇七『古代国家成立過程と鉄器生産』青木書店

（20）檀　佳克　二〇一一「土師器の編年①九州」『古墳時代の考古学1』同成社

（21）山鹿市立博物館　二〇〇一『火の国みだれる―方保田東原遺跡とその時代』山鹿市立博物館

(22) 註21に同じ
(23) 玉名市教育委員会　二〇二〇『大原遺跡』玉名市文化財調査報告　第四四集、玉名市教育委員会
(24) 玉名市教育委員会　二〇一七『木船西遺跡』一般国道佐明玉名線道路改良事業に伴う埋蔵文化財発掘調査　玉名市文化財調査報告書第三四集
(25) 田辺哲夫　一九九〇「玉名の歴史第三回―縄文（二）・弥生時代―」『歴史玉名』第三号、「歴史玉名」編集委員会
(26) 註25に同じ
(27) 和水町教育委員会　二〇〇九『諏訪原遺跡』和水町文化財調査報告第六集
(28) 熊本県九州自動車道関係文化財調査団　一九七一『九州縦貫自動車道関係埋蔵文化財調査概報』、菊水町教育委員会　一九八二『諏訪原』菊水町文化財調査報告第四集、菊水町教育委員会　一九九六『諏訪原遺跡』
(29) 山鹿市教育委員会　二〇一八『方保田東原遺跡出土品図録』山鹿市教育委員会
(30) 菊池市教育委員会　二〇〇六『小野崎遺跡』菊池市文化財調査報告第一集
(31) 熊本県教育委員会　一九九二『うてな遺跡』熊本県文化財調査報告第一二一集
(32) 南関町史編集委員会　二〇〇六『南関町史』通史　上、南関町
(33) 第三章　註3に同じ
(34) 第一章　註4に同じ
(35) 小南一郎　一九八二「三国志」Ⅱ『世界古典文学全集』24巻B、筑摩書房

第五章

(1) 第三章註5に同じ
(2) 永留久恵　一九八五「矛と祭り―銅矛遺跡を中心として―」『古代日本と対馬』日本文化叢書4、大和書房
(3) 唐木田芳文　一九九三「弥生時代青銅器の鋳型石材考」『蟻塔』第三九巻第二号

（4）福岡市立博物館　一九九五「博多湾出土品展」
（5）大林太良　一九七七『邪馬台国　入墨とポンチョと卑弥呼』中公新書
（6）渡辺義浩　二〇一二『魏志倭人伝の謎を解く』中公新書
（7）吉田　孝　一九九七『日本の誕生』岩波新書
（8）第一章註4に同じ
（9）金　文京　二〇〇五『三国志の世界　後漢三国時代』中国の歴史〇四、講談社
（10）宮崎一定　二〇〇二『アジア史論』中央公論新社
（11）石母田正　一九七一『日本の古代国家』日本歴史叢書、岩波書店
（12）註2に同じ
（13）佐伯有清編訳　一九八八『三国史記倭人伝　他六編　朝鮮正史日本伝1』岩波書店
（14）永留久恵　一九八五『古代日本と対馬』日本文化叢書四、大和書房
（15）九州大学考古学研究室　一九七四「上対馬町古里・塔ノ首遺跡」『対馬』
（16）水野清一・樋口隆康・岡崎敬　一九五三「対馬の先史遺跡（二）青銅剣・青銅矛関係遺跡」『對馬』東亜考古学会
（17）第一章註4に同じ
（18）武末純一他　一九九八『弥生時代の考古学』シンポジウム日本の考古学三、学生社
（19）福岡県教育委員会　一九八二『三雲遺蹟Ⅲ』福岡県文化財調査報告書第六十三集
（20）註5に同じ
（21）岡田英弘　一九七七『倭国の時代』文芸春秋
（22）白井克也　二〇〇一「勒島貿易と原の辻貿易―粘土帯土器・三韓土器・楽浪土器からみた弥生時代の交易―」『第四九回埋蔵文化財研究集会』
（23）喜田貞吉　一九三〇「倭奴国および邪馬台国に関する誤解」『考古学雑誌』二〇－三

(24) 註21に同じ

第六章

(1) 第五章 註6に同じ
(2) 宮崎市定 一九七七『中国史(上)』岩波全書
(3) 前田直典 一九七二「5 東アジアに於ける古代の終末」『歴史科学大系 第3巻 古代国家と奴隷制 下』校倉書房
(4) フランシス・フクヤマ 二〇一三『政治の起源』講談社
(5) 山尾幸久 一九七二『魏志倭人伝 東洋史上の古代日本』講談社現代新書
(6) 註2に同じ

おわりに

西暦二〇二〇年と翌二〇二一年は、世界中に新型コロナが蔓延して、世の中の仕組みが大きく変わるきっかけになった年として、何十年先、何百年先には、世界史の教科書に載ることになるだろう。

変化したものは、産業・技術や社会の仕組みのように、すでに現時点で、その変化が目に見えはじめているものばかりではないようだ。新型コロナ禍は、個人だけでなく個人が集合した組織にもその考え方の変化をもたらしている。会社では会社の建物の中で築かれてきた人間関係が見直され、学校や商売では対面が当たり前の授業や取引に、画面を通した対応という変化が現れた。特に社会とかかわりがないという人でも住んでいる地域の自治会には加入しているだろう。自治会では、このコロナ禍をきっかけに、当たり前に行ってきた行事を見直すところも出てきたと聞く。

新型コロナの蔓延は全国的なことであったことは事実であるが、地域によって異なる日々の感染者数、それに伴う緊急事態宣言などの規制を主導するのは、国なのか県なのか、ずっと混乱したままだった。これほど、テレビを通して全国の知事の顔を見ることは初めてだった。オリンピック・パラリンピックもいったい国が主体となるのか東京都が主体となるのか、最後まで分からない状況が続いて混乱を招いたことは、皆さんご承知のことと思う。

現代を生きる私たちは、国とはこういう形だということを無意識に自覚していたが、そうした意識に対して、新型コロナ禍は、もう一度国の形を考え直すきっかけになった。

コロナ禍の中であたふたする国を前に、自治体の首長の発言が相次いだ。そこで感じたのは、国は地方自治体が集まってできているということである。政策を実行する役人は、国の採用である。しかし、その政策を作る国会議員は、誰もが地方の選挙区から選ばれた人たちである。今では、その政策も役人が作り、形の上だけで国会が決めていることが多いが、そうしたあり方も今回のコロナは「それでいいのかな?」という疑問をもたらしてくれた。

そうした中で、歴史が社会に果たす役割についても考えさせられた。この本は「邪馬台国論」を扱っているので、その部分について考えてみよう。国とはもともと、クニグニの集まりであり、その中から卑弥呼という人物がみんなに選ばれて女王になって邪馬台国を率いてきた。しかしその手法は、強権ではなく協調だった。この本を書き終えて、コロナ禍以後の社会がどうあるべきかを邪馬台国論は、一つの道筋として、私たちの未来につながっているように感じた。

二〇一一年に初めて書いた『邪馬台国論争の新視点―遺跡が示す九州説―』、その後二〇一九年に刊行した『続・邪馬台国論争の新視点―倭人伝が語る九州説―』を経て、今回の『続々・邪馬台国論争の新視点―東アジアからみた九州説―』をもって、一連の研究のまとめとしたい。

最後に、今回の出版を担当された株式会社雄山閣編集部八木崇さん、初刊以来、今回の出版まで引き続いてお世話になった同社　桑門智亜紀さんに感謝の意を表したい。

著者紹介

片岡宏二（かたおか・こうじ）

1956 年　福岡県生まれ
1979 年　早稲田大学第一文学部日本史専攻卒業
小郡市教育委員会技師、2017 年行橋市歴史資料館館長を経て
現在、小郡市埋蔵文化財調査センター所長
文学博士（考古学）
＜主要著作＞
著書『弥生時代　渡来人と土器・青銅器』雄山閣
　　『弥生時代　渡来人から倭人社会へ』雄山閣
　　『邪馬台国論争の新視点―遺跡が示す九州説―』雄山閣
　　『続・邪馬台国論争の新視点―倭人伝が語る九州説―』雄山閣
共著『九州考古学散歩』学生社

2021 年 9 月 25 日　初版発行　《検印省略》

続々・邪馬台国論争の新視点
―東アジアからみた九州説―

著　者　片岡宏二
発行者　宮田哲男
発行所　株式会社 雄山閣
　〒 102-0071　東京都千代田区富士見 2-6-9
　TEL　03-3262-3231 / FAX　03-3262-6938
　URL　http://www.yuzankaku.co.jp
　e-mail　info@yuzankaku.co.jp
　振　替：00130-5-1685
印刷・製本　株式会社ティーケー出版印刷

ISBN978-4-639-02782-9 C0021
N.D.C.210　194p　21cm